그림으로 읽는Q 잠 못들 정도로 재미있는 이야기

KB090756

사피심리학

가메다 다쓰야 감수 | **박남범** 감역 | **이영란** 옮김

BM (주)도서출판 **성안당**

사회심리학이란 사회 속에서 사람들 마음의 움직임이나 행동의 법칙을 해명하여 왜 그렇게 느끼는지 그런 행동을 하게 된 이유를 연구하는 학문이다.

사회심리학은 '개인의 심리'부터 '개인대개인의 관계', '집단 속의 개인', '사회현상 및 사회문제'와 같은 폭넓은 영역의 주제를 다룬다. 그리고 이러한 연구의 역사와 성과는 사회에서 일어나는 다양한 사건이나 문제를 해결하는 실마리가 되기도 한다.

예를 들어 사람은 개인 혼자서는 절대 하지 않는 일을 집단이 되면 하게 되는 경우가 있다. 예를 들면 핼러윈 때 번화가에서 젊은 사람들이 폭주하며 소동을 일으키는 경우가 있는데 이런 현상은 왜 일어나는 것일까?

아니면 기업에 의한 조직적인 부정 문제는 왜 일어날까? 개인적으로는 나쁘다고 인식하면서도 조직에 소속되면 왜 이런 부정에 가담하는 것일까?

이런 문제를 해결하는 단서가 사회심리학이라는 학문 안에 있는 것이다. 그 외에도 여론이 어떻게 형성되는지, 편견이나 고정관념은 왜 생겨나는 것인지 등 사회를 둘러싼 다양한 일들에 대해 흥미 깊은 연구가 많이 있다.

사회심리학을 배우고 그 시야로 세상을 보면 아마 새로운 뭔가를 발견하게 될 것이다.

가메다 다쓰야

머리말 2

3

제5장

사회의 모습과 심리학   109

제1장

사회현상과 심리학

01 보고도 못 본 척 하는 이유는 뭘까?

아무도 여성을 도와주지 않았던 이유는 무관심 때문일까?

1964년 뉴욕의 주택가에서 한밤중에 한 여성이 자택 아파트 앞에서 괴한에게 습격을 당해 찔려 죽은 사건이 일어났다. 범행은 30분 이상이나 계속되어 아파트 주민 38명이 이 소동을 인지했으며 그중에는 창문으로 사건을 목격한 사람도 있었다. 하지만 이렇게 사람이 많이 있었음에도 불구하고 누구 한 사람 그 여성을 구하려고 하지 않았을 뿐더러 경찰에게 신고한 사람도 한 명도 없었다.

왜 주민들은 여성을 구하지 않았던 것일까? 사건 발생 후 매스컴은 '대도시 특유의 냉담함과 타인에 대한 무관심이 그 배경에 있다'고 논했지만 심리학자인 라테인(Latane)과 달리(Darley)는 그뿐만 아니라 목격자가 많았던 점이 오히려 도와주려는 행동을 억제했다고 생각했다.

둘은 이 가설을 확인하기 위해 '방관자 실험'을 했다. 이 실험에서는 먼저 실험 참가자인 학생에게 집단토론회에 참가하도록 의뢰한 다음, 학생을 방으로 안내해서 인터폰을 통해 다른 참가자와 의제에 대한 의견을 말하도록 지시를 내린다. 그런데 갑자기 다른 방에 있던 참가자 중 하나가 발작을 일으키고 인터폰으로 도움을 요청해 온다.

실험에서는 참가자를 2명, 3명, 6명의 패턴으로 실시했는데 라테인과 달리의 가설을 뒷받침하는 결과가 나왔다. 바로 참가자가 2명일 때는 3분 이내에 전원이 밖에 있는 연구자에게 사태를 보고한 반면, 6명일 때는 4분이 지나도 참가자의 60%만이 보고를 했다. 즉 다른 사람이 많이 있을 때 사람은 구조 행동을 하기 어렵다는 방관자 효과가 증명된 것이다.

긴급사태에 대한 방관자 실험

토론 중에 다른 참가자가 발작을 일으켰을 때 실험 참가자가 바로 도움을 요청하는지를 실험했다. 실험 참가자는 다른 참가자의 얼굴을 보지 못 한 채 방으로 안내받는다. 방에는 인터폰이 있고 참가자는 그 인터폰을 사용하여 순서대로 의견을 말한다. 이때 한 명이 발언 도중에 발작을 일으키고 도움을 요청한다. 실험은 2명, 3명, 6명의 패턴으로 실시했는데, 사실 진짜 참가자는 실험 참가자 한 명뿐이고 나머지는 모두 실제로는 존재하지 않고 사전에 준비한 테이프를 튼 것이다.

실험 결과

오른쪽은 발작이 일어나고 나서 실험 참가자가 구조를 요청하기까지 걸린 시간을 그래프로 나타낸 것이다. 참가자가 많을수록 보고 비율이 내려간다.

● 자신과 환자만 있는 경우

내가 도와줘야 해!

100%가 3분 이내에 보고

● 자신과 환자 외에 4명이 있는 경우

이미 누군가가 보고했겠지?

4분이 지나도 60%만 보고한다!

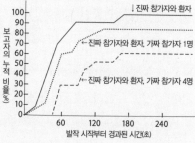

● 피험자가 구조 요청을 하기까지 소요된 시간과 비율
(출처: Latane&Darley, 1968)

↓ 진짜 참가자와 환자

← 진짜 참가자와 환자, 가짜 참가자 1명

← 진짜 참가자와 환자, 가짜 참가자 4명

보고자의 누적 비율(%)

발작 시작부터 경과된 시간(초)

다른 사람이 적을수록
짧은 시간에 구조를 요청하는
비율이 높다.

보고도 못 본 척 하는 이유는 뭘까?

9

02 다른 사람을 돕기까지의 조건은?

키워드

구조행동 모델

구조 행동에는 5단계가 있다

방관자 실험을 한 라테인과 달리는 사람이 긴급사태에서 구조 행동을 하기까지의 과정에는 5개의 단계가 있다고 생각했다(구조행동 모델).

1_사태를 알아차렸는가?

2_긴급사태라고 인식했는가?

3_구조를 하는 것에 대해 개인적 책임을 느꼈는가?

4_구조를 하기 위해 무엇을 해야 할지 이해하고 있는가?

5_실제로 행동을 할 것인가?

먼저 1과 2는 사태를 알아차리지 못하거나 알아차려도 그것이 긴급사태라고 인식하지 못하면 사람을 도우려는 행동을 취하지 않는다. 2의 경우 다른 사람이 행동하지 않기 때문에 자신도 긴급사태라고 인식하지 않는 경우가 있다. 이것을 다원적 무지(36쪽)라고 한다.

3의 개인적 책임이란 '자신이 도와주지 않으면 안 된다'고 인식했는지 아닌지를 말하는 것으로, 주변에 다른 사람이 있으면 '자신이 도와주지 않아도 다른 누군가가 도와주겠지'라는 심리가 작용하여 구조 행동을 억제한다.

4는 적절한 구조 방법을 이해하고 있는지 아닌지를 말하는데, 가령 구조가 필요하다고 인식을 해도 그를 위한 구체적인 방법을 모르면 행동을 불러일으키기가 어렵다. 또 '바다에 빠진 사람을 발견했지만 자신은 맥주병이라 수영을 못한다'와 같이 도움에 필요한 능력을 갖고 있지 않거나 그에 대한 위험이 큰 경우(자신도 같이 빠질지도 모를 가능성 등)도 억제 요인이 된다.

5는 최종적으로 도움을 줄지 말지를 말하는 것으로, '자신의 착각이었다면 창피하다'는 심리가 작용함으로써 행동을 일으키기 어렵게 만든다.

도움을 주기까지의 흐름

도와주세요!

큰일났다!

사람이 구조 행동을 일으키기까지는 몇 개의 심리적 단계가 있다. 이런 단계를 모두 클리어하고 나서야 비로소 사람은 구조 행동을 하게 된다.

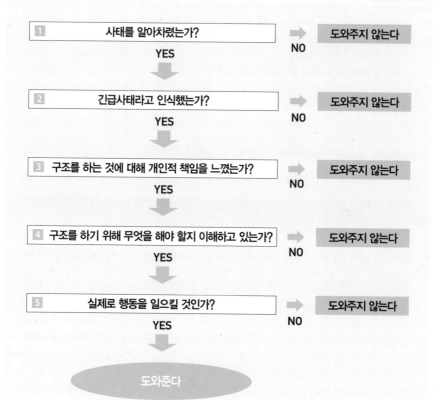

| 1 | 사태를 알아차렸는가? | → NO | 도와주지 않는다 |

YES

| 2 | 긴급사태라고 인식했는가? | → NO | 도와주지 않는다 |

YES

| 3 | 구조를 하는 것에 대해 개인적 책임을 느꼈는가? | → NO | 도와주지 않는다 |

YES

| 4 | 구조를 하기 위해 무엇을 해야 할지 이해하고 있는가? | → NO | 도와주지 않는다 |

YES

| 5 | 실제로 행동을 일으킬 것인가? | → NO | 도와주지 않는다 |

YES

도와준다

03 책임의 소재가 도움의 열쇠?

키워드

본인책임

본인책임이라고 판단하면 다른 사람을 도와줄 가능성이 줄어든다

대피 권고가 나왔음에도 불구하고 제멋대로 분쟁지대에 들어간 사람이 무장 세력에게 구속되었을 때 '본인책임'이라고 하면서 구조보다는 오히려 비난의 대상이 된 경우가 있었다. 이처럼 사람이 구조를 할지 말지를 판단할 때는 '그 사태가 일어난 원인이 어디에 있는지'도 큰 요인이 된다.

이런 본인책임의 심리는 학생 250명을 대상으로 실시한 파메라 둘리의 실험으로 증명되었다.

이 실험에서는 먼저 참가자에게 HIV(인간면역결핍바이러스)로 진단받은 환자에 대한 이야기를 읽게 했다. 그 이야기는 모두 5개의 패턴이 있는데 모두 HIV 환자의 이야기이지만 각각 감염된 원인이 달랐다.

그 후 참가자에게 이 환자를 도와주고 싶은지를 물었는데 '수혈로 인해 감염되었다'는 패턴의 이야기를 읽은 참가자들은 환자를 도와주고 싶다고 한 반면, '성교나 약물 등으로 감염되었다'는 패턴의 이야기를 읽은 참가자들은 도와주고 싶지 않다고 했다. 똑같은 HIV 감염이라는 사태라도 그 원인이 본인에게 없는 경우는 동정심이 생겨나지만 반대로 본인에게 원인이 있다고 판단한 경우는 혐오감이 생긴다는 이유로 도와주는 행동에 큰 차이가 나온 것이다.

이것은 어떤 의미에서는 예상했던 결과라고 할 수 있을지 모른다. 왜냐하면 우리 안에는 '본인의 부주의나 경솔한 행동이 원인으로 일어난 문제는 본인이 해결해야 한다'는 생각이 자리 잡고 있기 때문이다. 이처럼 책임 유무의 판단은 사람의 행동에 매우 큰 영향을 미친다는 것을 알 수 있다.

타인에게 도움을 주는 행위는
도움 받는 대상자의 책임 소재가 영향을 준다

HIV로 진단 받은 환자

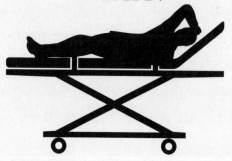

책임의 소재가 도움의 열쇠?

[이야기 A의 경우]	[이야기 B의 경우]
수혈에 의해 감염되었다.	성교나 약물로 감염되었다.

본인은 잘못한 것이 없으므로
불쌍하다.

감염은 본인책임이다!

HIV에 감염된 것은 당사자의 책임이 아니다.	HIV에 감염된 것은 당사자의 행동에도 책임이 있다.

도움을 준다.

도움을 주지 않는다.

04 사람은 다수파의 의견에 쉽게 동조한다

키워드

동조

분명히 틀린 대답이어도 다수파에 동조해 버린다

우리는 뭔가를 판단할 때 다수의 의견과 행동에 자신의 생각을 맞추려는 경향이 있다. 이것을 '동조(Conformity)'라고 한다. 동조에 대해서는 애쉬의 실험이 유명하다.

이 실험은 카드 ①에 그려진 선과 똑같은 길이의 선을 카드 ②에 그려진 3줄의 선 중에서 고르는 것으로, 실험에는 8명의 학생이 참가한다. 대답은 한 명씩 순서대로 하는데 사실 참가자 중 7명은 "가짜 참가자"로, 어떤 선을 대답할지를 미리 정해놓았다.

이 실험의 목적은 다수가 틀린 대답을 했을 때 진짜 참가자가 거기에 동조하는지 아닌지를 조사하는 것으로, 진짜 참가자는 7명의 가짜 참가자의 대답을 다 들은 후에 8번째로 대답을 한다. 실험은 선의 길이를 바꾸면서 여러 번 실시했는데, 문제 자체는 모두 혼자서 대답했을 때는 정답률이 99%인 아주 간단한 것이다. 그런데 7명 전원이 틀린 답을 말하는 조건 하에서는 진짜 참가자의 오답률이 32%로 올라갔었다. 보통이라면 틀리지 않는 문제도 전원이 다른 대답을 선택하면 거기에 크게 영향을 받는다는 것이 밝혀진 것이다.

또 7명의 가짜 참가자 중 정답을 말하는 사람이 반드시 1명 있었던 경우는 진짜 참가자의 오답률이 5.5%로 내려갔었다.

회사의 회의에서도 전원이 일치한 의견에 반대하는 데는 용기가 필요하지만 한 명이라도 반대자가 있으면 의견을 쉽게 표명할 수 있다. 동조를 재촉하려면 전원 일치가 중요한데, 한 명이라도 자신과 똑같은 의견을 가진 사람이 있으면 그 압력이 크게 약해진다는 것이다.

애쉬의 동조 행동 실험

왼쪽의 선과 똑같은 길이의 선을 오른쪽에 제시한 3줄의 선 중에서 고른다. 실험에 참가한 8명 중 7명은 가짜로, 전원 'A'라고 틀린 대답을 한다. 진짜 참가자는 7명의 대답을 들은 후 8번째로 대답을 한다. 다수에 동조하여 'A'라고 대답하는지를 알아보는 실험이다.

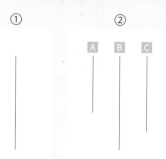

● 7명 전원이 A 라고 틀린 대답을 한 경우

전원이 A 라고 틀린 대답을 한 경우 피험자의 오답률은 32%였다.

● 7명 중 한 명만 B 라고 정답을 말한 경우

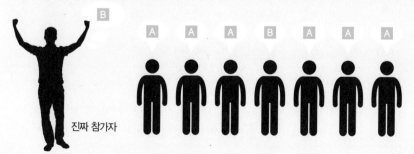

진짜 참가자가 오답을 말한 확률이 5.5%로 내려갔었다.

15

사람은 다수파의 의견에 쉽게 동조한다

05 동조가 일어나기 쉬운 상황이란?

키워드

정보적 영향,
규범적 영향

집단 응집성이 높은 집단일수록 동조가 일어나기 쉽다

'자기 외에 전원의 의견이 일치한다'는 전원 일치의 압력 외에 동조가 일어나기 쉬운 요인으로 그룹의 '집단 응집성(Group Cohesiveness)'의 영향을 들 수 있다.

집단 응집성이란 집단과 개인 간의 연결 강도를 말하는데, 집단 응집성이 높은, 즉 구성원끼리의 연결이 강한 집단일수록 그룹의 결속을 흐트러뜨리고 싶지 않다는 심리가 작용하기 쉽다. 그 결과 동조도 쉽게 일어나는 경향이 있다.

실제로 고등학생을 집단 응집성이 높은 사이좋은 4인 그룹과 그렇지 않은 4인 그룹으로 나눠 중요도가 다른 다양한 사회 문제에 대해 각자 찬반 버튼을 누르는 실험에서 집단 응집성이 높은 4인 그룹이 그렇지 않은 그룹에 비해 쉽게 동조한다는 결과가 나왔다. 이런 동조는 그 집단에 대해 자신이 가치나 매력을 느끼고 있을수록 쉽게 일어난다고 한다.

또 동조에는 '정보적 영향'과 '규범적 영향'이 있다는 견해도 있다. 정보적 영향이란 타인의 판단을 유용하다고 생각하고 자신의 생각에 도입하는 것을 말한다. 어떤 상품을 구입할 때 인터넷의 구매후기에서 평가가 높은 상품을 선택하는 것이 이런 정보적 영향에 해당한다.

또 다른 하나인 규범적 영향이란 '타인으로부터 미움을 받고 싶지 않다'든가 '집단의 결속을 흐트러뜨리고 싶지 않다'는 심리가 작용하는 동조를 말한다. 예를 들면 '사실은 다른 의견이 있음에도 불구하고 비판을 두려워하여 그만 다수의 의견에 맞추는 것'이 규범적 영향의 예라고 할 수 있다.

집단의 결속 강도와 동조 행동

● 집단 응집성과 동조 행동(출처: Kinoshita 1964)

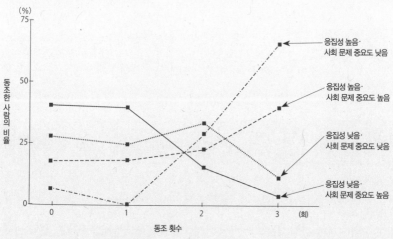

(%)

동조한 사람의 비율

응집성 높음·
사회 문제 중요도 낮음

응집성 높음·
사회 문제 중요도 높음

응집성 낮음·
사회 문제 중요도 낮음

응집성 낮음·
사회 문제 중요도 높음

동조 횟수 (회)

고등학생을 사이가 좋아 집단 응집성이 높은 4인 그룹과 그렇지 않은 4인 그룹으로 나눠 중요도가 다른 다양한 사회 문제에 대해 각자 찬반 버튼을 누르게 하고 다른 멤버의 대답을 본 후에 다시 찬반 조사를 하는 실험이다. 횟수를 거듭할수록 집단 응집성이 높은 그룹은 동조 비율이 올라갔고 반대로 집단 응집성이 낮은 그룹은 동조 비율이 내려가는 결과가 나왔다.

사이가 좋은
(집단 응집성이 높음)
그룹일수록 동조하기
쉬워진다.

공적인 장소와 동조 행동

그 외에 동조가 일어나기 쉬운 상황으로는 공적인 장소를 들 수 있다. 개인적인 의견을 말할 수 있는 상황과 비교하여 다른 사람 앞에서 공적인 반응을 요구받는 상황에서는 다수에 대한 동조가 쉽게 일어난다고 판명되었다.

공적인 장소일수록
동조하기 쉬워진다.

사람은 권위에 복종한다

사람은 누구나 상황에 따라 아이히만이 될 수 있다

사람은 권위를 가진 사람으로부터 명령을 받으면 설령 옳지 않다고 생각해도 그 명령을 실행하는 경우가 있다. 이를 밝힌 실험이 밀그램에 의한 복종 실험, 별칭 아이히만 실험이다.

아이히만은 나치 정권 하에서 유대인의 강제수용소 이송을 지휘했던 인물의 이름으로, 이 실험은 '사람이 특정 조건 하에서는 누구나 아이히만과 같은 잔학한 행위를 저지를 수 있는지'를 검증하기 위해 실시되었다.

실험에서는 먼저 '학습에 있어서 징벌의 효과에 관한 연구'라는 제목 하에 참가자를 모이게 했다. 참가자는 각각 교수 역할 1명, 학생 역할 1명씩 짝을 지어 다른 방에 들어간다. 방에는 마이크와 스피커가 있고 서로의 모습은 볼 수 없지만 목소리는 들을 수 있는 상태이다.

그 다음 교수 역할은 연구자로부터 학생 역할이 출제된 문제를 틀릴 때마다 전기 쇼크를 주도록 명령을 받는다. 이 전류는 15볼트 정도의 경미한 강도부터 목숨에 위험이 가는 450볼트까지 30단계로 설정되어 있다. 학생 역할이 틀릴 때마다 연구자는 보다 높은 전류를 가하도록 교수 역할에게 명령한다. 전류가 올라갈 때마다 학생 역할의 비명소리는 커지고 300볼트를 넘으면 '제발 그만하라'고 애원을 하게 된다. 하지만 연구자는 속행하라고 명령을 하고 교수 역할이 거부할 때까지 실험은 계속된다. 실험 결과 교수 역할을 한 40명 중 26명이 명령이 내려지는 대로 최대 450볼트까지 전류를 계속 흘려보냈다. 교수 역할은 명령을 거부해도 어떤 벌이 가해지는 것은 아니었음에도 불구하고 과반수가 명령에 계속 따랐던 것이다.

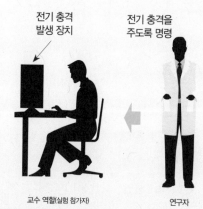

밀그램의 복종 실험

문제를 틀릴 때마다
전기 충격을 받는다
(실제로 전류는 흐르지 않지만 연기를 한다)

전기 충격
발생 장치

전기 충격을
주도록 명령

벽

학생 역할(가짜 참가자)

교수 역할(실험 참가자)

연구자

연구자라는 '권위'로부터 명령을 받았을 때 사람이 어디까지 복종하는지에 대한 실험이다. 명령을 거부한 시점에서 실험은 종료된다. 참가자는 교수 역할과 학생 역할로 나뉘지만 실제로 학생 역할은 가짜 참가자로, 실험에서 전류는 흐르지 않고 연기만 한다. 실험 결과는 오른쪽 표와 같이 40명의 교수 역할 중 26명이 명령대로 최대 450볼트까지 전류를 계속 흘려보냈다.

●실험 결과

전기 충격(볼트)	실험 결과
450(최대)	26명
375	1명
360	1명
345	1명
330	2명
315	4명
300	5명
285 이하	0명

복종 실험의 예측

이 실험 후에 밀그램은 일반인과 정신과 의사들에게 실험 종료 시의 최대 전압을 예측하는 조사를 실시했다. 그 대답은 오른쪽과 같은데, 315볼트 이상 준다고 대답한 사람은 0명으로 대다수는 실제 실험 결과와는 크게 다르게 180볼트 이하라고 예측했다.

●일반인 40명, 정신과 의사 39명에게 '자신이라면 최대 몇 볼트까지 가하겠는가'라고 물어본 경우의 대답

전기 충격(볼트)	일반인 40명	정신과 의사 39명
315 이상	0명	0명
255~300	4명	1명
195~240	3명	2명
135~180	16명	17명
75~120	12명	15명
15~60	2명	2명

※ 각각 일절 전기 충격을 주지 않겠다고 대답한 사람도 있었다.

사람은 권위에 복종한다

07 사람의 잔인함은 어디에서 오는 것일까?

키워드
스탠퍼드 감옥
실험

주어진 역할과 상황에 따라 인간은 잔인해질 수 있다

주어진 역할이나 상황에 따라 사람의 행동은 어떻게 바뀔까? 이를 검증한 것이 모의 형무소 실험(스탠퍼드 감옥 실험)이다.

이 실험은 스탠퍼드 대학의 지하에 진짜와 비슷한 모의 형무소를 만들어 실시했다.

참가한 사람은 심신이 건강하고 지금까지 반사회적 행위를 한 적이 없는 21명의 남자 학생이다. 참가자들은 무작위로 간수 역할과 죄수 역할로 나눠 모의 감옥 안에서 2주일에 걸쳐 각각의 역할을 연기한다. 간수 역할은 하루에 8시간 3교대제이며, 죄수 역할은 24시간 참가한다.

현실감을 위해 간수 역할은 선글라스와 제복을 착용하고 호루라기와 목제봉도 지급했다. 한편 죄수 역할은 이름이 아니라 ID 번호로 부르고 다리에 쇠사슬을 묶어 감옥에 수용했다.

이렇게 시작한 모의 감옥 실험이었는데 그 결과는 연구자의 예상 밖이었다. 시간이 지나면서 간수 역할은 죄수 역할에 대해 명령적, 모욕적, 지배적인 언행을 하게 되었고, 죄수 역할에 대한 정신적인 학대가 만연했다. 급기야는 금지되어 있던 폭력 행위도 발생해서 실험은 불과 6일 만에 중지되었다.

이 실험은 타인을 복종시킬 수 있는 역할을 부여하면 사람은 그 역할에 빠져들어 잔인한 행동을 아무렇지 않게 하게 된다는 사례로 여겨지고 있다. 하지만 한편으로 '간수 역할은 역할만 주어졌을 뿐인데 저절로 잔인해진 것이 아니라 연구자가 잔인한 행동을 하도록 유도했다'는 비판도 있어서 이 실험 결과의 신빙성을 의심하는 목소리도 있다.

모의 형무소 실험

간수와 죄수 역할을 부여하면 사람은 각각에 상응하는 태도나 행동을 보인다는 실험이다.

심리학에서 특히 유명한 실험 중 하나로 이 실험을 모티브로 한 영화도 제작되었다.

간수 역할(10명)

죄수 역할(11명)

- 8시간씩 3교대제로 참가
- 선글라스 착용
  (어느 정도의 익명성이 보장된다)
- 호루라기와 봉을 항상 지참
- 폭력 행위는 금지되어 있지만 그 외의 지시는 특별히 없다.

- 24시간 참가
- 이름이 아닌 ID 번호로 부른다.
- 발에 쇠사슬을 찬다.
- 개인 물품 이용 금지
- 편지, 담배, 화장실 등은 허가제로 인정
- 면회도 수속을 밟아야 인정된다.

죄수에 대해 명령조로 말하거나 모욕적, 공격적, 권위적, 지배적인 언동이 눈에 띄기 시작한다.

시작 이틀 만에 극도로 감정이 가라앉고, 불안, 오열 등의 증상이 나타나 5명이 실험에서 이탈했다.

죄수에 대한 모욕 행위가 적발. 자신들의 잔인함을 즐기게 된다.

간수에 대해 복종적, 우울 증상, 무기력, 자기 부정적이 된다.

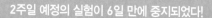

2주일 예정의 실험이 6일 만에 중지되었다!

사람의 진면목은 어디에서 오는 것일까?

08 게임이나 만화는 범죄에 영향을 줄까?

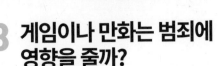

폭력성은 공격적인 행위를 보고 학습하는 것이 원인이 될 수 있다

미성년자가 범죄를 일으켰을 때 폭력적인 표현이 있는 게임이나 만화가 범죄 발생을 조장한다는 이야기가 많이 나온다. 왜 그런 이야기가 나오는 것일까? 이에 관한 실마리가 되는 키워드는 '학습'이라는 말이다. 사람이 뭔가를 배울 때는 직접적인 경험을 통해 학습하는 케이스와 다른 사람의 행동을 보고 학습하는 케이스가 있다. 게임이나 만화의 영향을 받는 것은 후자로, 이러한 학습 케이스를 '관찰학습(모델링)'이라고 한다.

공격적인 행동을 학습한 경우 정말로 그런 행동을 하는지를 검증하기 위해 A. 반두라는 아이에게 다른 사람이 비닐 인형을 공격하는 모습을 보여주고 그 후 행동을 관찰하는 모델링 실험을 했다.

이 실험에는 3세부터 5세까지의 남녀 아이들이 참가하여 A부터 D까지 4개 그룹으로 나눴다. A에게는 어른이 비닐 인형을 공격하는 모습, B에게는 A의 장면을 녹화한 영상, C에게는 고양이가 비닐 인형을 공격하는 TV 애니메이션 영상을 보여줬고, D에게는 아무것도 보여주지 않았다. 그 후 아이들을 좋아하는 장난감이 있는 놀이방에서 놀게 한 후 그 장난감을 들고 비닐 인형과 다른 장난감이 있는 다른 방으로 데리고 갔다. 그 결과 공격적 모델을 본 A에서 C 그룹의 아이들은 모델을 보지 않은 D 그룹의 아이보다 비닐 인형을 공격하는 경우가 많았다. 즉 공격적 모델을 본 아이들은 공격적인 행동을 취하는 경향이 높아진다는 것이 증명된 것이다. 또 이 실험에서는 여자아이보다 남자아이 쪽이 더 쉽게 공격적인 행동을 한다는 것도 판명되었다.

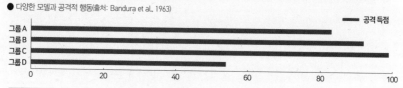

반두라의 모델링 실험

3세부터 5세까지의 남녀 아이들을 A에서 D까지 4개 그룹으로 나눠 각 그룹별로 다른 사람이 공기가 들어 있는 비닐 인형을 공격하는 공격적 모델, 또는 아무 것도 보여주지 않는 비공격적 모델을 관찰했다. 그 후 방에 설치된 비닐 인형에 대해 아이들이 어떤 행동을 보이는지를 검증했다.

그룹 A 어른이 비닐 인형을 공격하는 모습을 직접 보여준다

그룹 B 어른이 비닐 인형을 공격하는 모습이 담긴 영상을 보여준다

23

그룹 C 난폭한 고양이가 비닐 인형을 공격하는 TV 애니메이션 영상을 보여준다

그룹 D 아무 것도 보여주지 않는다

게임이나 만화는 범죄에 영향을 줄까?

검증 결과 모델의 내용과 상관없이 공격적 모델을 관찰한 아이들은 비닐 인형에 대해 공격적 행동을 보이는 경향이 높다고 판명되어 공격 행동의 관찰학습이 증명되었다.

● 다양한 모델과 공격적 행동(출처: Bandura et al, 1963)

		공격 득점
그룹A		
그룹B		
그룹C		
그룹D		

0   20   40   60   80   100

**공격적인 모델을 봄으로써 '관찰학습(모델링)'을 하여
공격적인 행동을 모방하는 아이들이 많았다.
또 남자아이가 여자아이보다 더 공격적인 행동을 한다는 결과도 나왔다.**

09 무기가 있으면 공격 행동이 일어나기 쉬울까?

키워드

공격의 계기

공격의 계기 유무가 공격 행동에 영향을 준다

분노나 불만을 느꼈을 때 상대방을 때리는 등 공격 행동을 일으키는 경우와 일으키지 않는 경우의 차이는 어디에 있을까? 이에 대해 L. 버코위츠는 사람이 공격 행동을 일으키는 데는 '공격의 계기(aggressive cue)' 유무가 중요한 결정 요소라고 했다.

공격의 계기란 공격을 불러일으키는 존재를 말한다. 예를 들어 총은 공격 행동과 밀접한 관련이 있는 아이템이다. 우리는 총을 보면 자연히 공격을 연상한다. 그렇기 때문에 분노를 느꼈을 때 가까이에 공격을 연상시키는 아이템이 있다면 거기서 분노의 해소 수단으로 공격 이미지가 부풀어 실제로 공격 행동을 촉진시킨다는 것이다.

이를 증명하기 위해 버코위츠는 다음과 같은 실험을 했다.

먼저 가짜 참가자가 실제 참가자의 화를 돋우는 조건과 그렇지 않은 조건을 설정한다. 그다음 양쪽 조건의 참가자에게 전기 충격으로 가짜 참가자에게 공격 행동을 할 기회를 준다. 그리고 양쪽 조건에서 전기 충격 버튼 옆에 총이 있고 없는 조건을 추가하여 참가자를 3개의 그룹으로 분류한다. 각 그룹이 가짜 참가자에게 전기 충격을 몇 번 주는지를 조사했더니 화를 내든 안 내든 상관없이 총이 있는 그룹이 전기 충격을 주는 횟수가 많다는 결과가 나왔다.

즉 총이 공격의 계기가 되어 참가자의 공격 행동을 촉진시킴으로써 전기 충격의 횟수가 늘어날 것이라는 버코위츠의 생각을 뒷받침하는 결과가 나온 것이다.

공격의 계기 실험

가짜 참가자 때문에
화가 난 진짜 참가자

화가 나지 않은
진짜 참가자

가짜 참가자가 화를 돋우어 화가 나 있는 진짜 참가자와 딱히 화가 나 있지 않은 참가자를 총의 유무, 총과 가짜 참가자의 관계 유무에 따라 3개 그룹으로 나누고, 각각 가짜 참가자에게 전기 충격을 가한 횟수를 조사하는 실험이다. 그 결과 총이 있는 조건 하에서 전기 충격을 준 횟수가 많다 = 공격 행동이 일어나기 쉽다는 것이 밝혀졌다.

전기 충격으로 가짜 참가자에게 공격을 할 기회를 준다

가짜 참가자

전기 충격 발생 장치

진짜 참가자

검증 결과

그룹 1
【무기-무관계 조건】
• 전기 충격 버튼 옆에 총이 있다.
• 총과 가짜 참가자는 무관계

분노 | 5.67회
보통 | 2.20회

그룹 2
【무기-관계 조건】
• 전기 충격 버튼 옆에 총이 있다.
• 그 총은 가짜 참가자가 예전에 사용한 것이다.

분노 | 6.07회
보통 | 2.60회

그룹 3
【통제 조건】
• 전기 충격 버튼 옆에 총이 없다.

분노 | 4.67회
보통 | 2.07회

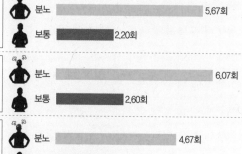
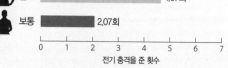

0 1 2 3 4 5 6 7
전기 충격을 준 횟수

(출처: L. 버코위츠와 A. 리페이지 1967)

무기가 있으면 공격 행동이 일어나기 쉬울까?

10 보복운전을 하기 쉬운 사람의 특징은?

키워드
적대적 귀인 편향

적대적 귀인 편향이 강한 사람일수록 공격적이 된다

요즘 보복운전이 사회문제가 되고 있다. 2016년 JAF(일본자동차연맹)가 실시한 교통 매너에 관한 설문조사에 의하면 보복운전을 당한 적이 '자주 있다', '가끔 있다'라고 대답한 운전자가 전체의 54.5%에 달했다고 한다. 보복운전은 차선 변경이나 추월 등 사소한 일이 계기로 일어나기 쉽다고 한다. 하지만 설령 화가 났어도 보통은 큰 사고로 이어지는 위험한 행위는 하지 않는 법이다. 사소한 행위로 공격적 행동이 나오는 사람은 어떤 종류의 사람일까?

이에 대해 사회심리학적으로는 '적대적 귀인 편향(Hostile Attribution Bias)'이 강한 사람이라고 할 수 있다. 적대적 귀인 편향이란 상대방에게 당한 행위를 적의나 악의로 생겨난 것이라고 생각하는 경향을 말한다.

예를 들어 바쁜 아침 러시아워에 지하철 승강장에서 다른 사람과 부딪혔을 때 적대적 귀인 편향이 약한 사람은 '사람이 많으니 어쩔 수 없다', '부딪힌 데는 자신이 부주의도 있다'고 생각하지만, 적대적 귀인 편향이 강하면 '일부러 부딪혀 왔다'고 생각해 상대에 대한 공격 행위로 나올 가능성이 높아진다.

실제로 적대적 귀인 편향이 강한 사람일수록 공격 행동이 나오기 쉽다는 연구 결과도 있다. A. 닷지는 살인, 폭행, 강도와 같은 범죄로 체포된 청년을 대상으로 일반적으로는 적의가 없다고 여겨지는 행위에 대해 그들은 어느 정도 적의를 나타낼까를 조사한 결과 적대적 귀인 편향이 강한 청년일수록 범죄 건수도 많다는 것이 밝혀졌다. 이와 같이 적대적 귀인 편향과 공격 행동은 밀접한 관계가 있는 것이다.

적대적 귀인 편향

● 모두가 보는 앞에서 상사에게 질책 받았다

> **적대적 귀인 편향 약함**
>
> 나를 위해서 혼낸 것이다

> **적대적 귀인 편향 강함**
>
> 나에게 창피를 주기 위해서 일부러
> 모두가 보는 앞에서 혼낸 것이다.

적대적 귀인 편향이란
상대의 행위를 적의로 생각하기 쉬운 심리적 경향

● 적대적 귀인 편향이 강한 사람일수록 공격 행동이 나오기 쉽다

통근 시 승강장을 걷다가 앞에서 오는 사람과 부딪혔다

적대적 귀인 편향 약함	적대적 귀인 편향 강함
적의 이외의 행위로 해석	적의로부터 나온 행위로 해석
사람이 많으니까 어쩔 수 없다	틀림없이 일부러 부딪혀 왔다

공격 행동으로 나올
가능성이 낮다.

공격 행동으로 나올
가능성이 높다.

27

남보다 겁을 하기 쉬운 사람의 특징은?

11 인터넷에서 비판이 심해지는 이유는?

키워드

사회비교이론

다른 사람의 의견을 알게 되면서 비난이 가속화된다

크고 작은 차이는 있겠지만 지금 매일같이 일어나는 것이 인터넷에서 악성 댓글 등으로 일어나는 비판이다. 유명인의 부적절한 발언이나 스캔들, 아르바이트 테러라 불리는 동영상 공개, 공무원이나 기업의 불상사 등 하나가 화제가 되면 즉각 SNS로 확산된다. 본인이나 기업 계정에는 수많은 비난의 글이 쏟아지는 사태가 일어난다.

이런 인터넷을 통한 비난의 글의 특징은 비난이 과격해져 간다는 것이다. 상대의 인격을 부정하는 것부터 차별적 발언, 급기야는 '죽어라'와 같은 직접적인 것까지 심한 말이 줄을 잇는다. 왜 인터넷에서는 이런 비판이 더 심해지는 것일까?

그 이유 중 하나로 여겨지는 것이 '사회비교이론'과 '집단 극화'이다. 사회비교이론은 대부분의 다른 사람이 자신과 똑같은 의견을 갖고 있으면 자신의 의견에 자신감을 가지고 그 생각이 보다 강화되는 것을 말한다. 집단 극화(48쪽)는 집단으로 토론할 때 구성원 중에 위험한 의견을 가진 사람이 많으면 집단의 의사결정도 보다 위험해지고, 반대로 안전을 지향하는 사람이 많으면 보다 안전한 쪽으로 치우치는 경향을 말한다.

인터넷 세계는 자신과 같은 의견을 가진 사람을 쉽게 찾을 수 있는 환경이기 때문에 자신과 같은 의견만 보고 듣거나 아니면 같은 의견을 가진 커뮤니티에 참가함으로써 집단 극화가 일어나기 쉽다. 덧붙여 침묵의 나선(30쪽)이나 반대 의견을 경시하는 집단사고(50쪽) 등도 발생하기 쉬워 이런 것들이 복합적으로 맞물려 비난이 격심해지기 쉬워진다고 생각할 수 있다. 물론 인터넷의 익명성도 비난이 심해지기 쉬운 큰 요인 중 하나라고 할 수 있다.

사회비교이론

소비세는
도입해야 한다!

난 찬성하지만
다른 사람은 어떻게 생각할까?

다른 사람의 의견을 안다

| 찬성 | 반대 | 찬성 | 찬성 | 찬성 | 찬성 | 찬성 | 반대 |

의견의 극화

찬성 쪽이 많으니까
소비세를 도입하는 것이 맞다!

다수의 다른 사람의 의견이 자신과
똑같다는 것을 알면
자신의 생각에 자신을 가지고 그 생각이 한층 더 강화된다.

12 사람은 다수파에 속하려고 한다

키워드

침묵의 나선

침묵의 나선이 소수파를 더욱 소수파로 만든다

1965년 독일연방회의 선거에서 직전까지 두 정당의 지지율이 비등했음에도 불구하고 실제 투표에서는 한쪽 정당이 압승한 결과가 있었다. 선거에서 왜 이런 큰 차이가 생긴 것일까?

이 사건에 흥미를 가진 노엘 노이만은 선거 전에 있었던 한 여론 조사에 주목했다. 바로 두 정당 중 '어느 쪽이 이길 것 같은가'라는 질문에 대한 대답을 보니 압승한 정당을 선택한 사람이 반 년 전부터 급증했다는 것이었다. 즉 지지율과는 별도로 여론은 이 선거에서 어느 쪽이 우세한지를 분명히 인식하고 있었다는 것이다.

노이만은 이런 여론의 인식이 선거 결과를 좌우했다고 생각하고 '침묵의 나선' 가설을 세웠다. 바로 자신들이 우세하다고 인식한 쪽은 보다 웅변적이 되고 열등하다고 인식한 쪽은 고립을 두려워해 침묵한다. 그 침묵이 우세파의 기세를 더욱 각인시켜 소수파가 보다 불리한 상황으로 내몰린다는 것이다.

노이만은 이 침묵의 나선이 일어나는 과정에 대해 대중매체에 의한 여론 조사 등의 정보가 중요한 역할을 하고 있다고 주장했다. 또 이 가설은 인간은 사회적인 존재이므로 사회 안에서 고립되는 것을 두려워하는 것을 전제로 하고 있다. 때문에 대부분의 사람이 주위나 사회의 동향을 주지하고 고립되지 않는 의견을 선택한 결과 다수파는 보다 다수파로, 소수파는 보다 소수파가 된다고 한다. 한편 고립을 두려워하지 않는 사람들의 존재도 다뤘는데 이러한 소수파는 변혁을 위해서는 빼놓을 수 없는 존재라고 하고 있다.

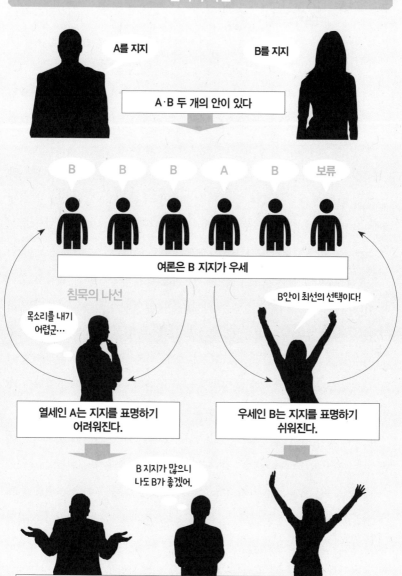

침묵의 나선

A를 지지

B를 지지

A·B 두 개의 안이 있다

B B B A B 보류

여론은 B 지지가 우세

침묵의 나선

B안이 최선의 선택이다!

목소리를 내기
어렵군…

열세인 A는 지지를 표명하기
어려워진다.

우세인 B는 지지를 표명하기
쉬워진다.

B 지지가 많으니
나도 B가 좋겠어.

다수파에 대한 동조의 영향으로 B 지지가 늘어난다.

13 이태원의 핼러윈은 왜 폭주하는가?

키워드

군중심리

군중에는 '일체감', '무책임성', '익명성'이라는 3개의 특징이 있다

이제는 이미 한국에도 정착한 듯한 핼러윈. 아이들이 가장을 하고 과자를 달라는 모습은 귀엽게 보이기도 하지만, 한편 이태원 번화가에서 모인 군중 중 일부가 대로변에서 경트럭을 넘어뜨리는 난동도 일어난다.

이렇게 이태원에서 난동을 부리는 사람들처럼 평소 혼자라면 절대로 하지 않는 행동도 군중이 되면 주위에 영향을 받아 해버리는 일이 있다. 이것을 '군중심리'라고 한다.

군중심리의 특징으로는 '일체감', '무책임성', '익명성', 3개를 들 수 있다. 스포츠나 이벤트 등 어떤 공통된 목적을 위해 모인 군중에는 일체감이 생기기 쉽다. 예를 들면 이태원에 모인 사람들에게는 핼러윈이라는 공통된 목적이 있다. 설령 혼자 왔다고 해도 핼러윈이라는 공통항이 있기 때문에 주위 사람과의 일체감이 생기기 쉬워지는 것이다. 이 일체감은 기분을 고양시킨다. 감정이 올라가면 그만큼 냉정한 판단력이나 억제력이 저하된다. 거기에 알코올까지 가해지면 더욱 제동이 걸리지 않는 상태가 되기 쉽다.

또 군중은 조직의 집단과는 달리 한 사람 한 사람이 역할이나 의무에 얽매여 있지 않다. 때문에 뭘 해도 상관없다는 무책임성도 생기기 쉬워진다.

더욱이 주위 사람에게 자신이 누구인지 알려지지 않는 익명성에 의해 죄악감도 옅어지므로 그 자리에서 기세나 분위기에 휩쓸려 도덕에 반하는 행동을 하기 쉬워지는 것이다.

군중심리의 특징

일체감
군중에는 일체감이 생기기 쉽고 기분이 고양되기 쉽다.

무책임성
자신을 군중과 일체화함으로써 개인의 자아가 흐려지고 무책임한 행동을 하기 쉽다.

익명성

알지 못하는 사람이 모이는 익명성이 높기 때문에 죄악감이 옅어지기 쉽다.

사람은 불안하면 무리를 지으려 한다?

사람이 무리를 짓는 이유 중 하나로 '주변 사람의 생각을 확인해서 안심하고 싶다'는 심리가 있다. 예를 들어 실험 참가자에게 '전기 충격의 효과를 조사한다'고 말한 실험에서 '전류가 미약해서 충격이 없다'고 전달받은 그룹에 비해 '강한 충격이 있다'고 전달받은 그룹이 실험 전까지 시간을 어떻게 보낼지에 대해 '다른 사람과 함께 기다린다'고 대답한 사람이 많았다. 그 이유는 '다른 사람도 자신과 마찬가지로 불안하다는 것을 확인하고 안심하고 싶다'는 심리가 작용했기 때문이다.

● 실험 참가자에게 '전기 충격의 효과를 조사하는 실험을 한다'고 말한다

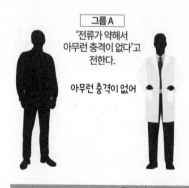

그룹 A
'전류가 약해서 아무런 충격이 없다'고 전한다.

아무런 충격이 없어

그룹 B
'전류는 강한 충격을 동반한다'고 전한다.

강한 충격이 있어

준비가 될 때까지 어떻게 보낼지를 조사

그룹 A	
다른 사람과 기다린다	33%
혼자서 기다린다 /어느 쪽도 아니다	67%

그룹 B	
다른 사람과 기다린다	60%
혼자서 기다린다 /어느 쪽도 아니다	40%

패닉은 어떨 때 일어나는가?

패닉은 특정 조건 하에서 일어나기 쉽다

우리는 군중은 큰 사고나 재해와 같은 긴급사태에 직면하면 이성을 잃고 패닉을 일으킨다고 생각한다. 하지만 지금까지 일어난 재해나 사고를 보면 반드시 군중이 패닉을 일으키는 것이 아니라는 것을 알 수 있다.

그렇다면 어떤 상황에서 패닉이 일어나기 쉬운 것일까? 패닉은 생명이나 재산에 대해 절박한 위기가 닥쳐오는 상황에서 그 위기로부터 탈출할 루트가 한정되어 있거나 혹은 닫히려고 하는 경우에 일어나기 쉽다고 한다.

이러한 패닉의 심리에 대해 다음과 같은 실험이 있다. 짧은 시간에 여러 명의 실험 참가자가 방을 탈출해야 하는데 방에는 출구가 하나 밖에 없어서 한 명씩만 통과할 수 있다. 참가자의 손에는 '탈출'과 '양보'라고 적혀진 두 개의 버튼이 있고 탈출을 위해서는 다음과 같은 규칙이 설정되어 있다.

- 탈출 버튼을 100번 누르면 그 사람은 탈출할 수 있다.
- 단, 다른 사람과 동시에 탈출 버튼을 누른 경우는 어느 쪽도 카운트되지 않는다.
- 이때 양보 버튼을 누르면 상대가 카운트된다.

그리고 이 조건에 추가로 '탈출에 실패한 경우 강한 전기 충격을 받는다'라는 공포 조건도 붙인다. 이처럼 패닉이 일어나기 쉬운 상황을 의도적으로 만들어 냈더니 참가자들은 시간이 흐르면서 양보 버튼보다 탈출 버튼을 누르는 횟수가 증가했다. 결국 서로가 자신만 탈출하려고 탈출 버튼을 서로 누른 결과 전원이 탈출에 실패한 사태가 일어난 것이다.

패닉이 일어나기 쉬운 상황

생명이나 재산에 대해
절박한 위기가 닥쳐오는 상황에서…

- 위기에서 탈출할 루트가 한정되어 있다.
- 위기에서 탈출할 루트가 닫히려고 하고 있다.

패닉이 일어나기 쉽다.

● 탈출 루트가 한정된 상황에서의 심리 실험

여러 사람이 짧은 시간에 문으로 탈출해야 한다.

문은 한 명만
통과할 수 있다.

탈출하기 위한 조건으로 다음과 같은 규칙을 전달받는다.

탈출   양보

- 전원이 '탈출' 버튼과 '양보' 버튼을 받는다.
- 손에 있는 탈출 버튼을 100번 누르면 탈출할 수 있다.
- 다른 사람과 동시에 탈출 버튼을 누른 경우는 둘 다 카운트
  되지 않는다.
- 양보 버튼을 누르면 상대방이 카운트된다.

실험 결과 전원이 탈출에 실패했다!

긴급사태에서도 사람이 대피하지 않는 이유는?

다른 사람이 행동하지 않으면 긴급사태라고 깨닫지 못한다

요즘 한국에서는 집중호우 등으로 인한 피해가 줄을 잇고 있다. 이런 재해 시에는 기상청이 대피권고를 내려 경계하라고 하지만 그래도 늦게 대피하여 피해를 입는 사람도 적지 않다.

재해 시에 사람이 대피하지 않는 이유는 '지금 일어난 일을 긴급사태라고 인식하지 못하는 것'이 큰 요인이라고 생각할 수 있다. 예를 들어 대피권고가 내려졌을 때 이웃 사람이 대피했으면 '위험하다'고 느끼고 자신도 대피하려고 하지만 아무도 대피하지 않으면 '괜찮겠지'라고 생각해 자신도 대피하지 않는다는 것이다.

이렇게 다른 사람이 행동하지 않음으로써 자신의 불안이나 의문을 억제하고 아마 심각한 사태가 아닐 것이라고 치부해 버리는 것을 '다원적 무지(pluralistic ignorance)'라고 한다.

다원적 무지에 대해서는 다음과 같은 연구가 있다. 인터뷰 명목으로 학생을 2~3명 방에 모이게 한 후 설문지를 작성하도록 한다. 조금 지나면 통기구를 통해 실내로 연기가 들어오는데 학생 중 실제 실험 참가자는 한 사람뿐이고 나머지는 모두 가짜 참가자다. 가짜 참가자는 연기가 실내에 충만해도 특별히 신경 쓰는 모습을 보이지 않고 태연하게 설문지를 계속 작성한다. 이런 상황에서 진짜 참가자는 연구자에게 연기를 보고할까? 학생이 참가자 한 명(자기 자신)인 경우는 55%가 2분 안에 연기를 연구자에게 보고했지만, 가짜 참가자가 한 명 또는 두 명 같이 있었던 경우는 2분 이내에 보고한 예가 겨우 12%에 불과했다. 이처럼 연기가 가득 차는 이상 사태에도 불구하고 다른 사람이 행동하지 않으면 대수롭지 않은 사태라고 생각하는 것이다.

다원적 무지

설문지 작성 중에 통기구로부터 연기가 실내에 들어온다. 혼자인 경우는 55%의 사람이 2분 이내에 연기를 보고하지만, 가만히 있는 가짜 참가자가 한 명 또는 두 명 같이 있으면 2분 이내에 보고한 사람은 12%로 내려간다.

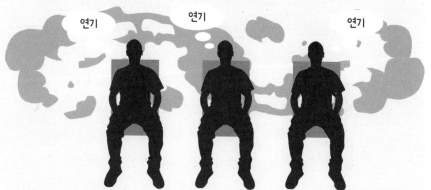

연기   연기   연기

연기가 나!

● 참가자가 한 명인 경우

⇒ 2분 이내에 55%
  4분 이내는 75%가 보고

연기가 나오지만
다들 가만히 있으니까
문제없지 않을까?

● 참가자와 가짜 참가자가 2명 또는
  참가자와 가짜 참가자 2명으로
  모두 3명인 그룹의 경우

⇒ 2분 이내에 12%의 사람만 보고한다.
  4분 경과해도 보고하는 비율은 변하지 않았다.

긴급사태에서도 사람이 대피하지 않는 이유는?

16 믿는 자는 구원을 받을까?

키워드

인지부조화

해석을 바꿔서 모순을 해소한다

자신의 마음속에 모순을 안고 있는 상태를 '인지부조화(cognitive dissonance)'라고 한다. 이것은 페스팅거가 제기한 이론으로, 인지부조화가 일어나면 사람은 무의식적으로 이를 해소하려고 한다.

이에 대해 페스팅거는 다음과 같은 연구를 했다. 어떤 종교단체의 신자들이 '1954년 12월 21일에 대홍수가 발생해 세상이 멸망하지만 자신들은 우주인의 도움으로 살아남는다'고 믿었다. 하지만 당일이 되어도 아무 일도 일어나지 않았다. 여기서 신자들은 자신의 마음속에 '예언은 반드시 실현될 터이지만 실제는 대홍수도 우주인도 오지 않았다'는 모순을 품게 된다. 그래서 신자들은 '자신들의 신앙심으로 신이 홍수를 막아주고 세상을 구원한 것'이라고 생각하게 되었다. 예언이 빗나갔다는 사실에 대해 해석을 바꿈으로써 자기 속의 모순, 즉 인지부조화를 해소한 것이다.

이와 똑같은 일은 흡연자에게도 일어난다. 흡연자가 건강에 나쁘다는 것을 알면서도 담배를 피우는 행위는 자기 속에 모순을 품은 상태라고 할 수 있다.

이를 해소하는 방법으로 금연을 결심하는 방법도 있지만 이는 그리 간단한 일이 아니다. 그래서 '흡연자 중에도 오래 사는 사람이 있다' 또는 '금연하는 스트레스가 몸에 더 나쁘다'와 같이 생각해서 인지부조화를 해소하려고 한다.

이와 같이 사람은 자신의 상황에 좋은 정보만을 선택하거나 해석을 함으로써 가능한 한 인지부조화를 일으키지 않도록 하는 것이다.

인지부조화의 해소

어느 신앙집단의 예

어느 종교단체의 신자들은 '1954년 12월 21일에 대홍수가 발생하여 세상이 멸망하지만 자신들은 우주인의 도움으로 살아남는다'고 믿었다.

하지만 1954년 12월 21일 당일에는 아무 일도 일어나지 않았다.

예언이 실현되지 않음으로 신자들에게 인지부조화가 발생한다.

인지부조화를 해소하기 위해 신자들은 '자신들의 신앙심 덕분에 홍수가 일어나지 않았다'고 생각했다.

페스팅거의 인지부조화 실험

사실은 지루한 작업인데 '재미있었다'고 말함으로써 생긴 인지부조화를 참가자들이 어떻게 해소하는지를 실험했다. 보수를 20달러 받는 그룹과 1달러를 받는 그룹으로 나눠 각각 검증했다.

보수를 **20달러** 주고
다음 작업자에게 '재미있었다'고 말하도록 지시

보수를 **1달러** 주고
다음 작업자에게 '재미있었다'고 말하도록 지시

그 후 속마음을 들어보니…

**사실은
따분한 작업이었어**

20달러라는 고액의 보수로
인지부조화를 해소

**의외로 재미있는
작업이었어**

1달러로는 인지부조화가 해소되지
않아 인지 자체를 '재미있었다'고
바꿔서 해소했다.

17 소외감이 사람을 범죄로 내몰까?

사회적 배제 상태에 있으면 공격성이 올라간다

1995년부터 2001년에 걸쳐 미국에서 발생한 15건의 학교 총기 발사 사건 중 13건의 가해자가 심한 학교 폭력이나 따돌림을 당했다고 한다. 또 범죄 행위나 비행으로 치닫는 소년은 부모와의 관계가 별로 없는 등 사회 속에서 격심한 소외감을 갖고 있다는 지적도 있었다. 이처럼 가족이나 친구로부터 소외당해 사회적인 유대를 형성하지 못한 사람은 공격 행동을 일으키기 쉬운 것일까? 트웬기는 이런 '사회적 배제'와 공격 행동 간의 관계를 검증하기 위해 다음과 같은 실험을 했다.

먼저 처음 만나는 학생을 4~6명 모으고 15분 정도 대화를 하도록 한다. 그 다음 개별적으로 설문조사를 해서 '참가자 중 같이 과제를 하고 싶은 사람'을 2명 들도록 한다. 참가자에게 '그룹 전원이 같이 과제를 하고 싶은 사람으로 뽑았다'고 전달하는 수용조건 그룹과 '그룹 멤버 누구도 과제를 같이 하고 싶은 사람으로 뽑지 않았다'고 전달하는 거부조건 그룹으로 나눈다(이 그룹은 설문조사와 상관없이 무작위로 나눈다). 그 후 그룹 선별과는 상관없는 상대와 승리하면 상대의 헤드폰에 불쾌한 노이즈를 흘려보내 괴롭힐 수 있는 게임을 하게 한다. 그러자 거부조건 참가자는 수용조건 참가자에 비해 상대에게 흘려보내는 노이즈의 강도가 1.4배, 길이가 2배로 높은 공격성을 보였다.

참가한 학생들은 실험을 위해 유사 사회적 배제 상태에 놓인 것에 지나지 않았지만 그래도 소외되었다는 감정을 품기만 해도 이런 높은 공격성이 생긴다는 결과가 나왔다.

사회적 배제와 공격 행동의 실험

여러 명의 참자가가 자기소개를 포함해 15분 정도 대화를 하게 한다

개별적으로 설문조사를 해서 '참가자 중 같이 과제를 하고 싶은 사람'을 2명 적게 한다.

참가자를 '수용조건'과 '거부조건', 2그룹으로 나눈다.
(실제로 그룹 선별은 설문조사와 상관없이 무작위로 나눈다)

전원이 OK

① 수용조건 그룹
'그룹 전원이
같이 과제를 하고 싶은
사람으로 선택했다'고
전한다.

전원이 NG

② 거부조건 그룹
'그룹의 아무도
같이 과제를 하고 싶은
사람으로 선택하지 않았다'고
전한다.

그룹 선별과 상관없는 상대와 승리하면 대전 상대의 헤드폰에 불쾌한 노이즈를 흘려보내
괴롭힐 수 있는 게임을 하게 한다.
이때 상대에게 흘려보내는 노이즈의 강도와 길이는 승리자가 자유롭게 결정할 수 있다.

거부조건의 참가자는 수용조건의 참가자에 비해
상대에게 흘려보내는 노이즈의 강도가 1.4배, 길이는 2배로
확실히 높은 공격성을 보였다.

소외감이 사람을 범죄로 내몰까?

칼럼 ❶
COLUMN

칼럼 ❶ 복종의 심리

아이히만 실험(18쪽)에서는 보통의 선량한 사람도 권위에 의해 명령을 받으면 잔인한 행위를 행한다는 것을 소개했다. 이러한 '복종'은 왜 일어나는 것일까?

그 이유 중 하나로 '대리인 상태에 대한 이행'을 생각할 수 있다. 이것은 자기 자신을 다른 사람의 요망을 충실히 수행하는 단순한 대리인으로 간주하는 상태를 말한다.

실험에 참가한 사람들은 연구자의 명령에 따를 때 '전기 충격을 주는 것은 어디까지나 연구자이고 자신은 그저 그 지시에 따라 버튼을 누르는 것에 지나지 않는다'고 생각하게 된다.

그리고 이런 대리인 상태로 옮겨가면 자기 자신에게는 책임이 없다고 느끼게 되어 설령 다른 사람에게 상처를 주는 행위를 해도 죄책감을 느끼지 않게 된다.

대량학살과 같은 중대한 범죄가 일어날 때 우리는 '사람으로서 뭔가 중대한 결함이 있고 우리와는 다르니까 그런 비인도적인 일이 가능한 것'이라고 생각하기 쉽다. 하지만 제대로 된 이성을 가진 사람도 환경에 따라서는 똑같은 일을 저지를 가능성이 있다. 아이히만 실험은 이것을 우리에게 경고하고 있는 것이다.

제 **2** 장

조직 및 집단 심리학

18 집단에서 독자 루트란?

키워드

집단규범

다른 사람의 영향에 의해 집단규범이 만들어진다

집단 속에서 공유되는 가치판단이나 행동 판단의 규율을 '집단규범'이라고 한다. 집단의 경우 해당 보통 그룹의 독자적인 규칙이나 관습, 가치관이 있는데, 이러한 집단규범은 어떻게 해서 만들어지는 것일까?

세리프는 집단 속에서 규범이 만들어져 가는 과정에 대해 다음과 같은 실험으로 검증을 했다.

먼저 2~3명의 실험 참가자를 암실에 넣고 어둠 속에서 점 모양의 빛을 보여준다. 그 다음 참가자에게 어둠 속의 빛이 몇 인치 움직였는지를 순서대로 대답하게 한다. 그러자 혼자 개별적으로 대답했을 때는 제각각이던 수치가 2~3명이 같이 실험을 했을 때는 횟수를 거듭할 때마다 전원의 대답이 점점 가까워지는 결과가 나왔다.

실제로 빛은 전혀 움직이지 않았고 움직이는 것처럼 보인 것은 단순한 착각에 불과했지만 여러 사람으로 실험한 경우는 다른 사람이 대답한 수치를 참고로 하기 때문에 점점 수치가 비슷해져간다. 즉 본래는 제각각인 개인의 생각이 집단 속에 들어가면 다른 사람의 행위에 서로 영향을 받기 때문에 점점 통일되어 간다는 것이다.

이러한 집단규범은 소속 구성원의 가치관에 좌우된다. 예를 들어 '사회인은 몸가짐이 중요하다'고 생각하는 사람이 많은 집단은 복장이나 머리 모양에 대해 강한 집단규범이 생기기 쉽고, 같은 집단 구성원에 대해서도 그 규범에 따르도록 힘을 발휘한다.

또 집단이 어떤 행동에 대해 어떤 강도의 규범을 가지느냐는 오른쪽 그림과 같은 '리턴 포텐셜 모델'로 나타낼 수 있다.

집단규범이 생성되는 과정의 실험

암실의 빛이 몇 인치 움직였는지를 대답하게 하는 실험. 혼자서 대답했을 때는 제각각이던 수치가 2~3명이 같이 실험을 받았을 때는 횟수를 거듭할수록 전원의 대답이 점점 가까워져가는 결과가 나왔다.

개별적으로 실험을 했을 때는 제각각이던 대답이…

7.5   2   0.5

3명이 동시에 실험을 받으면
점점 각각의 대답이 가까워져 갔다

1.5   2.4   1.4

리턴 포텐셜 모델

집단이 어떤 행동에 대해 어떤 강도의 규범을 가지는지를 모델화한 것이다. 예를 들어 어떤 집단의 '고등학생의 용돈에 관한 규범'을 조사하는 경우 처음에 구성원 전원에게 천 엔에서 만 엔까지의 각 금액에 대해 한 달 용돈으로 아이에게 얼마를 주면 좋은지를 +4~−4까지 9단계로 평가하게 한다. 그 다음 그 평균값을 취해 그 래프로 만들었더니 오른쪽과 같은 그림이 되었다. 이 경우 해당 집단이 가장 바람직하다고 생각하는 금액은 5,000원으로 3,000원 ~7,000원 사이라면 허용가능하다(마이너스 평가가 아니)는 규범이 존재한다는 것을 알 수 있다.

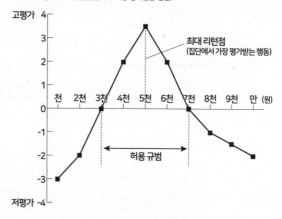

●최대 리턴점(집단에서 가장 평가받는 행동)

최대 리턴점
(집단에서 가장 평가받는 행동)

허용 규범

19 사람은 왜 조직에 복종하는 것일까?

키워드

사회적 세력

복종을 일으키는 5가지 사회적 세력

우리는 그룹으로 뭔가를 결정할 때 마음속으로는 다르다고 생각하지만 주위에 맞춰 동조하는 경우가 있다. 이렇게 겉으로만 동조하는 것을 '외면적 동조'라고 한다. 예를 들어 모든 사람이 노래방에 가자고 들썩이고 있을 때 사실은 집에 가고 싶지만 '여기서 거절하면 분위기를 망친다' 또는 '사회성이 없는 사람이라고 여겨지기 싫다'고 생각해 같이 노래방에 가는 것이 외면적 동조에 해당한다. 이와는 반대로 주위의 의견이 맞는다고 판단하여 동조하는 것은 '내면적 동조'라고 한다.

또 외면적 동조는 복종행동에도 기능한다. 예를 들어 기업에 의한 조직적 부정 등은 복종으로 인해 일어나는 사건이라 할 수 있다. 본심은 맞지 않다고 생각해도 '회사를 위해서'라든가 '자신의 입장을 나쁘게 하고 싶지 않다'는 심리로부터 명령받은 대로 부정행위에 가담해 버리는 것이다.

프렌치와 레이븐은 아이히만 실험(18쪽)에서 보인 권위에 대한 복종을 불러일으키는 힘을 '사회적 세력'이라고 칭하고, 이를 보수를 줌으로써 복종을 촉구하는 '보수세력', 상사나 선배 등 윗사람이라는 입장을 이용하는 '정당세력', 상대의 호의나 경의를 이용하는 '참조세력', 해당 분야의 전문가라서 복종을 하게 하는 '전문세력', 상대에 벌을 주는 권리를 갖고 있는 '강제세력', 5개로 분류했다. 보통은 선량하고 책임감 있는 사람도 이런 사회적 세력 아래에 놓이게 되면 설령 잘못된 일이라고 알고 있어도 복종해 버리는 경우가 있다는 것이다.

내면적 동조와 외면적 동조

동조에는 주위의 의견이 올바르다고 판단하여 동조하는 '내면적 동조'와 속으로는 동의하지 않지만 집단에서 배제되는 것을 두려워 해 겉으로만 동조하는 '외면적 동조', 2종류가 있다. 자신이 그 집단에 가치를 느끼고 구성원과의 연결이 강할수록 외면적 동조가 일어나는 경향이 있다.

초밥보다 고기가 더 맛있다!

맞아, 정말이야!

맞아!

사실은 초밥을 더 좋아하는데…

내면적 동조

외면적 동조

복종을 일으키는 사회적 세력

프렌치와 레이븐은 사람에게 복종을 하게 할 수 있는 힘을 '사회적 세력'이라고 하고, 이런 사회적 세력에 대해 '보수세력', '정당세력', '참조세력', '전문세력', '강제세력', 5가지로 분류했다.

보수세력

보수를 줄 수 있는 입장에 있는 사람

강제세력

벌을 가할 수 있는 입장에 있는 사람

정당세력

상사나 선배 등 자신보다 사회적 지위가 높다고 생각하는 상대

전문세력

법률, 의료, 문화, 정치 등 어떤 분야의 전문가

참조세력

호의를 갖고 있는 상대, 존경하고 있는 상대

사람은 왜 조직에 복종하는 것일까?

20 집단의 의견은 극단적이기 쉽다

키워드

집단 극화

집단에 의한 결정은 편향되기 쉽다

뭔가를 결정할 때 혼자서 결정하는 것보다 여럿이 이야기하면서 결정하는 쪽이 보다 안전하고 무난한 결정을 하기 쉽다고 착각한다. 그러나 스토너의 연구에 의하면 사실은 그렇지 않다는 것이 밝혀졌다.

이 연구 중에서 스토너는 '선택 딜레마 질문지 실험'이라는 것을 실시했다. 이 실험에서는 참가자들에게 '장래를 보증하지는 않지만 고액의 보수를 받을 수 있는 직업으로 이직을 해야 할까' 등 리스크를 동반하는 12개의 질문을 해서 각각 성공률이 몇 퍼센트라면 도전해야 한다고 생각하는지를 대답하게 했다.

이 질문을 혼자서 대답한 경우의 평균은 남성은 55.8%, 여성은 54.7%였다. 즉 남녀모두 50% 이상의 성공률이 없다면 도전하지 말아야 한다고 판단한 것이다. 그 다음은 남녀를 각각 6명씩 그룹으로 묶어 전원이 협의하여 하나의 대답을 내도록 했더니 남성 그룹은 47.9%, 여성 그룹은 46.8%로 양쪽다 개별적으로 대답을 했을 때보다 낮은 확률이라도 도전해야 한다는 결론이 나왔다. 이처럼 개인보다 집단으로 협의하여 낸 결론이 보다 위험해지는 현상을 '리스키 시프트(Risky Shift)'라고 한다. 또 그 후의 연구에서 구성원 중에 안전지향적인 사람이 많으면 집단의 결정도 보다 안전한 방향으로 치우치는 '코셔스 시프트(Cautious Shift)'라는 현상이 일어난다는 것도 밝혀졌다.

이처럼 개인과 비교하여 집단으로 하는 의사결정이 한쪽으로 치우치는 것을 '집단 극화'라고 한다. 집단 극화가 일어나는 이유로는 동조 행동(14쪽)과 사회비교이론(28쪽)과 같은 다양한 이론이 나오고 있다.

리스키 시프트 실험

위험을 동반하는 선택에 대해 성공할 확률이 몇 퍼센트라면 도전해야 하는지를 대답하게 하는 실험으로, 개별적으로 대답한 경우에 비해 집단으로 협의하여 결정한 경우가 보다 위험이 높아도 도전해야 한다는 집단 극화가 보였다.

● 다음과 같은 12개의 질문에 대답하도록 한다

[질문 예]

【1】어느 전기 기사가 어느 정도의 급여와 종신고용이 보장되는 현재의 직장에 머무를지, 아니면 장래는 보장되지 않지만 상당히 많은 급여가 기대되는 직장으로 이직을 할지 고민하고 있다. 성공할 확률이 몇 %라면 이직을 권하겠는가?

【2】어떤 사람이 심한 심장병을 앓고 있는데 어려운 수술을 받으면 보통 생활을 보낼 수 있다. 그러나 그 수술은 성공하면 완치되지만 실패하면 목숨과 연결된다. 성공할 확률이 몇 %라면 수술을 권하겠는가?

● 남성의 경우

【 사전에 조사한 개별 응답의 평균치 】

55.8%

【 그룹으로 토론하여 낸 응답의 평균치 】

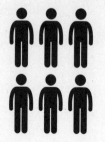

47.9%

7.9% 위험한 방향으로 전환

● 여성의 경우

【 사전에 조사한 개별 응답의 평균치 】

54.7%

【 그룹으로 토론하여 낸 응답의 평균치 】

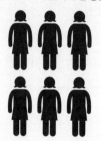

46.8%

7.9% 위험한 방향으로 전환

집단의 의견은 극단적이기 쉽다

21 조직의 잘못된 의사결정은 어떻게 일어날까?

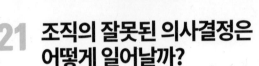

'과신', '경시', '차단', 3가지 징조가 있는 조직은 주의해야 한다!

개인이라면 올바른 판단을 할 수 있는데 집단으로 협의를 하면 잘못된 판단을 내리는 경우가 있다. 이를 '집단사고(Groupthink)'라고 하는데 미국의 심리학자인 재니스가 주장했다.

재니스는 미국 정부를 하나의 집단으로 간주하고 그들에 의한 과거에 실패한 역사(진주만 공격, 한국 전쟁, 베트남 전쟁, 피그스 만 사건, 워터게이트 사건 등)를 조사했다. 여러 다양한 기록으로부터 대통령과 그 참모들이 어떤 경위로 잘못된 정책결정에 이르게 되었는지를 분석하여 집단사고의 징조 등을 체계화시켰다.

재니스에 의하면 집단사고는 구성원의 결속력이 강하여 반대 의견을 내기 어려운 폐쇄적인 집단에 발생하기 쉽다고 한다. 또 집단사고가 일어나는 징조로 자신들은 괜찮다는 근거 없는 과신, 외부의 충고를 경시, 자신들에게 불리한 정보나 반대 의견을 차단하는 것을 들고 있다. 이것들을 개선하지 않은 경우에는 의사결정 프로세스에서 '다른 안을 충분히 검토하지 않는다', '그 안이 안고 있는 리스크나 비용을 검토하지 않는다', '비상사태에서 대응책을 생각하지 않는다'와 같은 문제가 일어난다고 한다.

재니스는 과거에 미국 정부가 행한 정책에서 의사결정 프로세스를 분석했지만 이런 재니스의 지적은 민간기업에도 적용된다. 예를 들어 공장 등에서 예전부터 어떤 위험성이나 문제가 지적되었어도 조직이 그것을 경시한 결과 중대한 사고를 일으키는 것도 집단사고의 대표적인 예라고 할 수 있다.

집단사고

응집성이 높은 집단에서는 집단 내에서
의견의 일치를 추구하는 경향이 강하다.

● 집단사고를 불러일으키는 징조

우리들이라면
괜찮아!

자기 집단의 능력을 과신

자신들은 괜찮다는 환상이나 자신들이 결정한 것
을 마지막까지 완수한다는 집단의 가치관에 대한
과잉 신념.

비전문가의 의견 따윈
들을 필요가 없어.

외부 집단을 경시

외부 사람을 아무것도 모르는 비전문가로 깔보거
나 그들의 충고를 경시한다.

이상하다고 생각하지만
말을 꺼내기 힘들군.

의문이나 비판을 차단

자신들에게 불리한 정보는 그 내용을 평가절하하
거나 내용을 상황에 유리하게 왜곡해서 판단한다.
또 다른 의견을 내는 것에 압력을 가함으로써 전
원의 의견이 일치했으니까 그것이 맞는다는 환상
이 생겨난다.

● 집단사고에 의한 결정 문제

1_ 다른 안을 충분히 검토하지 않는다.

2_ 목표를 충분히 검토하지 않는다.

3_ 정보 수집을 게을리한다.

4_ 갖고 있는 정보 중 상황에 유리한 것만
취해 검토한다.

5_ 한 번 기각한 대체안은 재검토하지 않는다.

6_ 어떤 안이 품고 있는 위험이나 비용을 충분
히 검토하지 않는다.

7_ 비상사태에 대한 대응책을 생각하지 않
는다.

조직의 잘못된 의사결정은 어떻게 일어날까?

22 잘못된 판단을 뒤엎기 위해서는?

잘못됐다고 느껴도 물러서지 않는 심리

집단 극화나 집단사고 등 집단의 의사 결정에는 여러 가지 문제가 발생할 가능성이 있다는 것은 지금까지 설명해 왔다. 그렇다면 집단으로 결정한 것이 나중에 잘못됐다고 판명 난 경우 이것을 바로 철회할 수 있을까?

대답은 NO이다. 왜냐하면 한 번 결정한 사항은 설령 그 결론이 틀렸어도 뒤집어엎을 수 없는 '심리적 구애 현상'이 일어나기 때문이다.

심리적 구애 현상이란 지금까지 들여온 노력을 수포로 만들고 싶지 않다는 마음이나 자신들의 판단이 틀렸다고 인정하는 것에 대한 저항 때문에 결정한 일을 뒤집어엎을 수 없는 심리 상태를 말한다.

예를 들어 회의 결과 잘 되면 큰 수익이 예상되는 프로젝트에 대해 매월 1억씩 총 10억을 투자하기로 했다고 하자. 그런데 프로젝트를 시작한 지 반 년이 지나도 생각했던 만큼 수익이 나오지 않는다. 여기서 투자를 멈춘다는 선택지도 있지만 그러면 지금까지 투자한 6억을 하수구에 버리는 것이 되고 만다. 게다가 이 투자에는 사장이 가장 강하게 찬성했기 때문에 중지하는 것은 사장의 얼굴에 먹칠을 하는 일일지도 모른다. 그런 연유로 투자를 계속해서 결과적으로 10억을 잃게 될 지경에 이르는 것이다. 이것은 심리적 구애 현상의 전형적인 예라고 할 수 있는데, 잘못된 집단 결정을 하지 않는 방법으로 '악마의 대변인(Devil's Advocate)'이라는 것이 있다. 이것은 정해진 구성원 중 한 명이 일부러 반대 의견을 말하는 역할을 하게 하는 것으로, 그렇게 함으로써 다른 사람도 눈치 보지 않고 의견을 말할 수 있게 되므로 보다 신중한 결정을 할 수 있게 되는 것이다.

심리적 구애 현상

① 집단이 토의하여 어떤 일을 결정

② 그 일이 잘못되었다고 판명됐다.

준비도 이미 진행하고 있고
지금 와서 결정을 뒤엎을 수는 없어

지금까지 들인 노력을
수포로 만들고 싶지 않다.

이대로 예정대로
진행하는 것이 맞아!

자신들의 판단이 틀렸다고
인정하는 것에 대한 저항

③ 결정을 정당화한다.

악마의 대변인

토론 기법 중 하나로 정해진 구성원 중 한 명이 다수파에 대해 일부러 반대의견을 말하는 것. 집단 논의에서는 다수파의 동조 압력 등으로 참가자가 본심을 말하지 못하는 경우가 있는데, 한 사람이 반대의견을 말함으로써 다른 사람도 눈치 보지 않고 의견을 말할 수 있게 되어 그 안이 정말 좋은 지를 재검토하는 계기가 만들어지기 때문에 잘못된 의사결정을 예방할 수 있다.

A안으로 결정하자

찬성!

잠깐만! A안에는
●●라는 위험도 있어.

정말 A안으로 해도
괜찮을까?

악마의 대변인

23 집단의 의사결정은 정말 훌륭한 것일까?

키워드

프로세스 로스

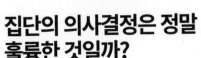

왜 집단에서 정답자가 있음에도 틀린 결정을 하게 될까?

우리들은 한 명이 모든 것을 결정하는 독재보다 그룹으로 서로 이야기하는 민주적인 결정을 더 좋아한다고 생각하고 있다. 일반적으로 집단은 개인보다 뛰어난 판단을 할 수 있다고 생각하기 쉽지만 사실은 반드시 집단이 개인보다 뛰어나다고 할 수는 없다.

예를 들어 5인 그룹에게 과제를 풀게 하는 실험에서 그룹 안에 정답자가 한 명이라도 있으면 집단이 협의한 대답도 반드시 정답에 도달할 것 같지만 실제로는 정답자가 한 명인 경우는 27%, 2명인 경우는 8%, 3명인 경우는 4%의 확률로 틀린 대답을 도출했고, 정답자가 4명 있어야 비로소 그룹의 대답도 100% 정답률에 도달했다.

이처럼 정답자가 있음에도 불구하고 그룹이 틀린 대답을 내는 것은 왜일까? 그 이유로 '프로세스 로스(Process Loss)' 문제가 있다. 프로세스 로스란 집단이 서로 의논하는 과정에서 구성원이 본래 갖고 있는 소질을 충분히 살리지 못하고 손실이 발생하는 것을 가리킨다.

예를 들어 그룹으로 의논할 때는 좋은 아이디어가 떠올라도 그것을 좋은 타이밍에 발언할 수 없는 경우가 종종 일어난다. 모처럼 떠오른 아이디어를 살리기 어려워지는 것이다.

또 '다른 사람에게 맡겨 두면 되겠지'라는 방관도 일어나기 쉽다. 이런 문제가 존재하기 때문에 본래 그 집단이 갖고 있는 능력을 충분히 살리지 못하고 '정답자가 있는데도 틀린 대답을 내는 일'이 일어나는 것이다.

프로세스 로스가 일어나는 원인

● 프로세스 로스

내가 생각하지 않아도 되겠지…

구성원이 본래 갖고 있는 소질이 충분히 발휘되지 않는 현상. 이것이 일어나는 원인으로 오른쪽 두 가지가 있다.

● 발언 블로킹

나는 언제 발언할 수 있을까?

뭔가 의견이나 아이디어가 있어도 다른 사람의 발언 중에는 발언할 수 없기 때문에 사고가 정지되기 쉽다.

● 무임승차 효과

다른 사람에게 맡겨 두면 되겠지

다른 사람에게 기대 그 결과에만 편승하는 행위. 자신은 생각하는 것을 포기하고 다른 사람의 의견에 묻어가려고 한다.

투표의 패러독스

논의는 전원의 의견을 반영한 민주적인 판단을 할 수 있다고 생각하기 쉽지만 실제로 논의의 진행 방법에 따라서는 결과를 조작할 수 있다. 오른쪽은 '투표의 패러독스'라는 유명한 명제로, A, B, C, 3개의 안 중에서 투표로 하나를 결정하는 경우 투표 순서에 따라서 결과가 바뀌는 것을 보여주고 있다(여기서는 의석 수가 거의 똑같은 3개의 정당으로 된 의회에서 다수결 투표가 일어난 경우를 상정).

정당	투표자의 선호 순서(안)
A당	A＞B＞C
B당	B＞C＞A
C당	C＞A＞B

의장이 A안을 이기게 하고 싶은 경우

처음에 B안과 C안을 가지고 투표
　　A당 = B안에 투표
　　B당 = B안에 투표
　　C당 = C안에 투표
➜ B안이 이김

그 다음 A안과 B안을 가지고 결선 투표
　　A당 = A안에 투표
　　B당 = B안에 투표
　　C당 = A안에 투표
➜ A안으로 결정된다

의장이 B안을 이기게 하고 싶은 경우

처음에 A안과 C안을 가지고 투표
　　A당 = A안에 투표
　　B당 = C안에 투표
　　C당 = C안에 투표
➜ C안이 이김

그 다음 B안과 C안을 가지고 결선 투표
　　A당 = B안에 투표
　　B당 = B안에 투표
　　C당 = C안에 투표
➜ B안으로 결정된다

집단의 의사결정은 정말 올바른 것일까?

24 집단 간 대립은 왜 일어날까?

키워드
도둑들의 동굴 실험,
집단 간 갈등의 해결

자신이 소속한 집단에서의 동료 의식과 외부 집단에 대한 강한 적대 감정에 의해 대립이 일어난다

자기편 팀은 응원하고 상대 팀에게는 야유를 날린다. 스포츠맨십을 무시한 행위이지만 스포츠 현장에서 자주 볼 수 있는 광경이다. 사람은 자신이 속한 팀(내부 집단)에게는 배려심을 갖고 다른 사람이 속한 팀(외부 집단)에게는 적개심을 품는다. 이러한 집단 간 대립을 '집단 간 갈등'이라고 한다. 세리프는 집단 간 갈등을 해소하는 방법을 찾기 위해 3단계로 구성된 '도둑들의 동굴 실험'을 했다.

제1단계에서는 11살에서 12살의 소년을 22명 모아 2개의 집단으로 나누고 서로의 집단의 존재를 알리지 않고 도둑들의 동굴이라는 캠핑장으로 데려 갔다. 처음 일주일 정도는 각각 하이킹 등을 통해 동료 의식을 높이고 내부 집단을 형성하게 했다. 그리고 일주일이 지날 무렵에 두 집단에게 '가까운 캠핑장에 또 다른 하나의 집단이 와 있다. 다음 주는 그 집단과 스포츠로 싸운다'고 알렸다. 소년들을 아직 보지도 않은 집단에 대한 적개심으로 불타올라 동료 의식이 보다 더 깊어져 갔다.

제2단계로 얼굴을 마주한 두 집단을 상품이 걸린 야구와 줄다리기로 싸우게 해서 집단 간 갈등을 발생시켰다. 또 각 집단에서는 동료끼리의 단결이나 응집성이 높아져 상대(외부 집단)에게 이기기 위한 조직의 재편성이 이루어졌다. 이 단계에서 집단 간의 인간관계를 조사하기 위해 친구 조사를 하는데 대부분의 소년이 내부 집단의 동료를 친구라고 대답했다. 즉 집단 간 갈등이 생긴 경우는 동료에 대한 연대 의식, 상대 집단에 대한 적대 의식이 보다 강화된다는 것이 밝혀진 것이다.

도둑들의 동굴 실험

제1단계 공동생활을 통해 동료 의식을 높인다

소년들의 공동생활 시작
2개의 집단으로 나눈 소년들은 도둑들의 동굴이라는 이름의 캠핑장으로 가서 3주에 걸쳐 공동생활을 한다. 또 처음에는 자신들 외에 다른 집단의 존재를 알리지 않는다.

높아지는 동료 의식
소년들은 하이킹 등을 통해 자연히 동료 의식을 높여가고 내부 집단(자신이 소속한 집단)이 형성된다.

다른 하나의 집단의 존재를 알린다
일주일이 경과할 무렵 근처 캠핑장에 또 다른 집단이 있다는 것을 알린다. 소년들은 아직 보지 못한 외부 집단(자신이 속하지 않은 집단)에 대해 적개심을 불태우게 되고 동료 의식이 보다 높아진다.

제2단계 집단끼리 대립시켜 집단 간 갈등을 발생시킨다

승패가 있는 경기로 두 집단을 싸우게 한다
서로 얼굴을 마주한 두 집단은 상품이 걸린 야구나 줄다리기와 같은 대항 경기에 도전한다. 서로 상대에게 이기고 싶다 또는 지고 싶지 않다는 '집단 간 갈등'이 생겼다.

대항 경기로 인해 집단 간의 적개심이 높아진다
상대(외부 집단)를 쓰러뜨리고 싶다는 마음이 더욱 강해져 상대를 쓰러뜨리기 위한 조직의 재편성이 일어났다. 이 단계의 마지막에 실시한 친구 조사에서는 대부분의 소년이 내부 집단의 동료를 친구라고 대답했다.

동료 의식을 가지고 형성된 내부 집단은 외부 집단의 존재를 알게 되면 적개심을 불태운다. '우리 의식'이 강화되어 경기나 경쟁 등을 계기로 집단 간의 대립인 '집단 간 갈등'이 생겨난다. 그리고 상대 집단보다 자신들의 집단이 더 뛰어나다 또는 상대를 쓰러뜨리고 싶다는 마음이 강해져 그것을 달성하기 위한 리더를 선출한다. 또 친구 조사의 결과로부터 집단 간 갈등이 생긴 경우는 동료에 대한 연대 의식, 상대 집단에 대한 적대 의식이 보다 강화된다는 것이 밝혀졌다.

57

25 집단의 대립은 교류로는 해소되지 않는다

키워드
도둑들의 동굴 실험,
집단 간 갈등

집단끼리 협력하지 않으면 해결할 수 없는 상위 목표를 주면 대립이 해소된다

56쪽의 실험에 이어 제3단계에서는 제2단계에서 발생한 '집단 간 갈등'을 해소하기 위해 대립하는 두 집단을 모아 회식이나 영화 감상, 불꽃놀이와 같은 교류회를 개최했다. 처음에는 똑같은 밥솥의 밥을 먹고 영화를 감상하고 불꽃놀이를 하면서 즐거운 시간을 공유할 것이라고 상상했지만 서로의 집단에 대한 적대 의식이 너무 강해졌기 때문에 서로 욕을 하거나 남은 밥을 던지는 등 크고 작은 여러 가지 다툼이 발발했다. 지옥과 같은 교류회가 되고 만 것이다.

교류만으로는 집단 간 갈등을 해소할 수 없다고 느낀 세리프는 캠핑장 생활에서 절대적으로 필요한 물 탱크의 고장이나 식료 공급 트럭이 수렁에 빠져 움직일 수 없는 등 개별 집단만으로는 해결할 수 없는 '상위 목표'를 부과했다. 그랬더니 서로 적대 의식을 강하게 갖고 있던 두 집단이 서로 협력하여 물 탱크를 수리하거나 수렁에 빠진 식료 공급 트럭을 구조했다. 그리고 상위 목표를 달성한 후에는 서로 욕을 하거나 사소한 다툼 등이 감소했고 교류할 기회가 압도적으로 늘어난 것이다.

친구 조사를 다시 했더니 외부 집단의 구성원을 친구라고 생각하는 비율이 30% 이상 증가했으며 집단 간 갈등 도입 직후에 품었던 외부 집단에 대한 적대 감정이 줄어들었다.

세리프가 실시한 '도둑들의 동굴 실험'에 의해 집단 간에 발생한 대립(집단 간 갈등)을 해소하기 위해서는 교류와 같은 집단끼리 단순히 접촉을 하는 것이 아니라 각 집단이 서로 협력해야 해결할 수 있는 '상위 목표'를 주는 것이 효과적이라는 것이 증명된 것이다.

도둑들의 동굴 실험

제3단계 다양한 방법으로 집단 간 갈등의 해소를 지향한다

교류회를 개최했지만 크게 실패했다
대립하는 두 집단을 모아 회식이나 영화 감상과 같은 교류회를 열었다. 그러나 서로의 집단에 대한 적대 의식이 강한 탓에 욕설이나 쟁반을 던지는 등 문제가 발생했다. 집단 간 갈등이 보다 심각해졌다.

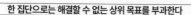

한 집단으로는 해결할 수 없는 상위 목표를 부과한다
캠핑 생활에 필요한 물 탱크가 고장 나거나 식료품 공급 트럭이 수렁이 빠져 움직일 수 없는 등 개별 집단만으로는 해결할 수 없는 상위 목표를 부여했다.

상위 목표에 의해 대립하던 집단이 일치단결
두 집단은 서로 협력하여 물 탱크를 수리하고 수렁에 빠진 트럭을 구조했다. 상위 목표를 달성하기 위해 힘을 합한 것을 계기로 집단 간의 다툼은 약해졌다. 그리고 친구 조사를 다시 했더니 외부 집단의 구성원을 친구로 선택하는 비율이 30% 전후로 증가했다.

● 도둑들의 동굴 실험 중에 실시한 친구 조사의 결과(출처: Sherif & Sherif, 1969)

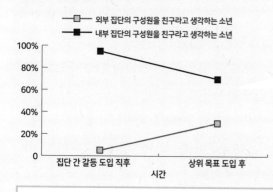

외부 집단의 구성원을 친구라고 생각하는 소년

내부 집단의 구성원을 친구라고 생각하는 소년

집단 간 갈등 도입 직후의 조사에서는 외부 집단의 구성원을 친구라고 생각하는 비율이 10%에도 못 미쳤지만 상위 목표 도입 후의 조사에서는 외부 집단의 구성원을 친구라고 생각하는 비율이 30% 이상으로 증가했다. 외부 집단에 대한 적대 감정이 줄어들었다.

'도둑들의 동굴 실험'에 의해 상품이 걸린 경쟁 등이 계기가 되어 집단 간 갈등이 생긴다는 것을 알았다. 그리고 집단 간 갈등을 해소하려면 집단끼리의 단순한 접촉이 아니라 각 집단이 서로 협력해야 해결할 수 있는 '상위 목표'를 부여하는 것이 효과적이라는 것**도 증명되었다.**

집단의 대립은 교류로는 해소되지 않는다

26 사람은 손해를 보더라도 집단의 우위성을 유지한다

키워드
내부 집단 편애

우위성을 확인함으로써 자존심을 높인다

우리들은 일상생활 속에서 다양한 집단에 소속되어 있다. 어떤 경우든 집단 안에서의 위치나 소속되기까지의 경위 등이 있으므로 그 연결 관계는 복잡하다. 유럽의 심리학자인 헨리 타지펠은 그런 굴레가 없는 집단(최소 조건 집단)에서 내부 집단 편애 현상이 일어나는지 아닌지를 검증했다.

먼저 실험 참가자에게 2장의 그림을 보여주고 '어느 쪽이 좋은지'라는 기준만으로 그룹을 2개로 나눈다. 참가자들은 익명으로 같은 그룹 안에서도 얼굴을 마주하는 일이 없다. 그렇기 때문에 '동일한 집단'이라는 것 이외의 정보는 일절 들어오지 않게 된다. 그런 상황에서 자신과 동일한 집단에 있는 사람 1명과 다른 집단의 사람 1명에게 돈(포인트)을 배분하는 작업을 하게 했다. 그 결과 참가자들은 일관적으로 내부 집단의 구성원에게 더 많이 배분을 했다. 더욱이 내부 집단의 이익이 최대가 되도록 하는 것이 아니라 내부 집단의 몫이 적어져도 외부 집단과의 차이가 보다 커지는 쪽을 선택했다.

이 결과에는 사람이 어느 집단의 일원으로 자기 정의를 하는 '사회적 정체성'(96쪽)이 관련되어 있다. 단순히 내부 집단의 몫이 크다는 것보다 외부 집단 보다 많이 배분함으로써 내부 집단의 우위성을 확인할 수 있는 것이 중요한 것이다. 그렇게 함으로써 우리들은 바람직한 사회적 정체성을 유지·고양시켜 자존심을 높이고 있다고 할 수 있다.

자신과 같은 집단의 사람을 편애하는 '내부 집단 편애' 그리고 그 배경에 있는 외부 집단에 대한 차별은 이렇게 발생하는 것이다.

타지펠의 최소 조건 집단 실험

실험 방법

A

B

A가 좋아

B가 좋아

- 실험 참가자에게 2장의 그림을 보여주고 좋아하는 그림의 그룹에 들어가게 한다.

- 참가자들은 모두 익명이다.

- 같은 그룹에서도 얼굴을 마주하는 일은 없다.

- 자신과 똑같은 그룹(내부 집단)의 사람 1명과 다른 그룹(외부 집단)의 사람 1명에게 돈(포인트)을 배분하는 경우 어떻게 배분할 자를 선택하게 한다.

실험 결과

[1] 15포인트를 2명이 나누는 경우

외부 집단 편애 방책 ◄————————————————► 내부 집단 편애 방책

내부 집단의 수취인	1	2	3	4	5	6	7	8	9	10	11	12	13	14
외부 집단의 수취인	14	13	12	11	10	9	8	7	6	5	4	3	2	1

[2] 26포인트를 중심으로 차이를 벌려가는 경우

최대 차이 방책 ◄————————————————► 최대 내부 집단 이익, 최대 공동 이익 방책

내부 집단의 수취인	7	8	9	10	11	12	13	14	15	16	17	18	19
외부 집단의 수취인	1	3	5	7	9	11	13	15	17	19	21	23	25

(출처: Tajfel, H., et al., 1971)

내부 집단과 외부 집단에서 뽑힌 각 1명(수취인)에게 돈(포인트)을 어떻게 배분할지를 나타낸 것. 실험 결과 [1]에서는 12P-3P 부근이, [2]에서는 9P-5P 부근이 가장 많이 보였다. 즉 내부 집단의 몫이 적어져도 외부 집단과의 차이가 커지는 쪽을 선택한 것이다.

27 소수파가 다수파의 생각을 바꾸려면?

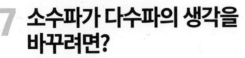

키워드
소수자 영향
과정

다수파의 의견이 항상 통한다고 할 수 없다

집단이 만들어지면 거기에는 반드시 다수파와 소수파가 생겨난다. 대부분의 경우 다수파의 의견이 우선시되지만 소수파의 목소리가 다수파에게 영향을 주는 경우도 있다. 이것을 소수자 영향 과정이라고 한다.

모스코비치는 블루/그린 패러다임 실험으로 소수파의 영향에 대해 조사했다.

실험에서는 여러 번에 걸쳐 6명의 그룹에게 36장의 슬라이드를 보여주고 색을 판정하게 했다. 슬라이드는 모두 '파랑'으로 판단되는 색이었지만 6명 중 2명은 가짜 참가자로, 일부러 모두 '초록'이라고 대답한다. 또 이 실험에서는 비교를 위해 전체의 2/3에 해당하는 24장의 슬라이드만을 초록이라고 대답하는 패턴도 조사했다.

가짜 참가자가 모두를 초록이라고 대답한 경우는 4명 중 32%가 적어도 한 번은 '초록'이라고 대답했다. 한편 24장만을 초록이라고 대답한 사람이 있는 그룹에서는 가짜 참가자의 영향은 없었다. 이것은 소수파의 의견이 일관성을 가지고 있으면 다수파에게 영향을 줄 수 있다는 것을 시사하고 있다.

실제 사회 안에서 소수파의 의견을 관철시키려면 그 외에 어떤 점이 포인트가 될까? 먼저 문제가 되는 쟁점 이외는 다수파와 공통점이 많다는 것을 들 수 있다. 이로써 다수파가 소수파를 같은 편으로 생각하고 의견을 받아들이는 형태가 되기 때문이다. 더욱이 다수파 집단이 혁신을 요구할 때는 새로운 발상의 근원이 되는 소수파의 의견을 받아들기 쉽다고 한다. 긴 안목으로 보면 다수파와 의견이 다른 소수파가 있는 집단이 구성원들이 새롭고 올바른 판단을 내릴 확률이 높아진다.

모스코비치의 블루/그림 패러다임 실험

실험 방법

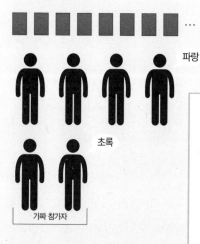

파랑

초록

가짜 참가자

- 6인 그룹에게 밝기가 다른 36장의 슬라이드(모두 파랑색)를 보여주고 색을 물어본다.

- 2명의 가짜 참가자가 섞여 있어 그들은 '초록'이라고 대답한다.

실험 결과 가짜 참가자 2명이 모든 슬라이드에 대해 '초록'이라고 계속 대답한 경우 다른 4명 중 32%가 적어도 한 번은 '초록'이라고 대답했다. 이에 반해 가짜 참가자가 2/3에 해당하는 24장의 슬라이드에만 '초록'이라고 대답한 경우는 다른 4명에게 가짜 참가자의 영향은 나타나지 않았다. 소수파의 의견을 관철시키려면 일관성이 중요하다는 것이다.

다수파와 소수파의 차이

● 다수파

- 현상 유지, 보수적
- 집단을 컨트롤하기 쉽다.
- 표면적인 동조를 일으키기 쉽다.

● 소수파

- 괴짜, 혁신적
- 혁신에는 다수파와의 공통점도 필요하다.
- 집단에 내적인 태도 변화를 초래한다.

일반적으로 다수파는 주위에 동조한 안정적인 의견을 갖는데 비해 소수파는 혁신적인 생각을 갖고 있다고 여겨진다. 소수파의 의견을 다수파가 받아들이려면 주장하는 의견 이외의 일상생활에서 다수파와 공통점이 있는 등 동료 의식을 느끼게 하는 것도 중요하다.

칼럼 ❷
COLUMN

집단사고에 빠지지 않으려면

50쪽에서는 조직이 잘못된 의사결정을 내리는 원인으로 '집단사고'가 있다고 소개했다. 이 집단사고를 주장한 미국의 심리학자 재니스는 조직이 이런 상태에 빠지지 않도록 하기 위한 대책으로 다음 6가지를 들고 있다.

집단 사고에 빠지지 않기 위한 대책

❶ 리더는 구성원 개개인에게 비판적인 눈을 갖는 역할을 할당한다.

❷ 리더는 처음에는 자신의 의견이나 예측을 말하지 않도록 한다.

❸ 각 구성원은 그룹의 의견에 대해 신뢰할 수 있는 외부인 의견을 요청하도록 한다.

❹ 외부 전문가를 그룹의 논의에 참가하게 한다.

❺ 최소 1명의 구성원이 '항상 반대하는' 역할을 맡는다.

❻ 리더는 외부의 경고를 검토할 시간을 확보한다.

특히 집단으로 의사 결정을 하는 과정에서는 다수파의 동조 압력에 의해 반대 의견을 말할 수 없는 분위기가 형성되는 경우가 있다. 잘못된 의사 결정을 피하기 위해서라도 자유롭게 의견을 말할 수 있는 분위기 조성이 중요하다.

제 **3** 장

직장에서의 심리학

28 타인의 존재는 작업에 어떤 영향을 미칠까?

키워드
사회적 촉진,
사회적 억제

개인의 숙련도에 따라 작업 효율이 바뀐다

주위에 다른 사람이 있으면 의욕이 생겨 작업 효율이 올라가는 경우가 있다. 타인의 존재로 작업량이 바뀐다는 현상에 착안한 트리플릿은 실감기 실험을 했다.

이 실험은 낚싯줄을 감는 릴을 개조하여 실감기 기계를 만들고, 그것을 사용하여 일정한 길이의 실을 감는 작업을 하는데 혼자서 감는 경우와 둘이서 감는 경우에서 작업 속도가 얼마나 바뀌는지를 비교했다. 결과는 혼자서 감을 때보다 둘이서 감는 편이 속도가 빨라진다고 판명되었다. F. H. 올포트는 이런 현상을 '사회적 촉진'이라고 이름 붙였다.

그러나 반드시 타인의 존재가 좋은 결과를 낳는다고는 할 수 없다. 예를 들어 회사에서 프레젠테이션을 할 때 다른 사람이 있으면 긴장되어 프레젠테이션을 잘 못하는 경우가 있다. 이렇게 타인의 존재에 따라 작업의 질이나 양이 저하되는 현상을 '사회적 억제'라고 한다. 왜 사회적 촉진과 사회적 억제가 일어나는 것일까? 자이언스는 이 둘을 나누는 열쇠는 개인의 숙련도에 있다고 생각했다.

어떤 일에 대해 익숙한지 아닌지에 따라 사회적 촉진과 사회적 억제 중 하나가 일어난다는 것이다. 좀 전의 프레젠테이션을 예로 생각하면 프레젠테이션에 익숙한 A씨는 다른 사람이 있으면 오히려 힘이 넘쳐 자신의 기획을 제안할 수 있지만, 프레젠테이션에 익숙하지 않은 B씨는 다른 사람의 존재가 신경 쓰여 긴장해서 자신의 기획을 제대로 제안할 수 없다. B씨와 같이 사회적 억제를 피하고 촉진 효과를 얻기 위해서는 어떤 일에 대해 경험을 쌓거나 지식을 높이는 일이 필요하다는 것이다.

트리플릿의 실감기 실험

트리플릿은 낚싯대에 붙어 있는 릴을 개조한 실감기 기기를 2대 마련하고 이 장치를 사용하여 혼자서 실을 감을 때와 둘이서 나란히 실을 감을 때의 시간을 측정했다. 실험 결과 혼자서 작업하는 것보다 둘이서 작업하는 편이 실을 감는 속도가 상승하고 작업 효율이 늘어났다.

● 혼자서 실감기를 한 경우

음, 작업이 잘 안 되네…

● 둘이서 나란히 실감기를 한 경우

왠지 작업이 잘 되네

혼자서 실감기를 하는 것보다 둘이서 나란히 하는 쪽이 실감기 속도가 상승했다. 이처럼 다른 사람의 존재로 능률이 오르는 것을 '사회적 촉진'이라고 한다.

개인의 숙련도가 낮을 때는 사회적 억제가 일어난다

A씨는 프레젠테이션에 익숙해서 사람 앞에서도 겁내지 않고 기획안을 제안했다. 이에 반해 B씨는 프레젠테이션에 익숙하지 않기 때문에 사람 앞에서 긴장해서 자신의 기획안을 잘 전달하지 못했다. 개인의 숙련도(익숙한지 아닌지)에 따라 사회적 억제가 일어나는 경우가 많다.

● 프레젠테이션에 익숙한 A씨

프레젠테이션 잘 했어!

● 프레젠테이션에 익숙하지 않은 B씨

프레젠테이션을 잘 못했어…!

다른 사람이 있다고 해서 반드시 사회적 촉진이 일어나는 것은 아니다. B씨처럼 다른 사람의 존재로 인해 능률이 내려가는 것을 '사회적 억제'라고 한다.

타인의 존재는 작업에 어떤 영향을 미칠까?

29 타인의 결과에 따라 행동이 바뀐다

키워드

대리 강화

다른 사람의 행동의 결과를 보고 학습하기도 한다

22쪽에서 설명한 공기가 든 비닐 인형을 사용한 A. 반두라의 모델링 실험에 의해 사람은 공격적 모델을 관찰학습(타인의 행동을 보고 들어 학습하는 것)한 경우 공격 행동을 취하기 쉽다는 것이 판명되었다.

더욱이 A. 반두라는 모델링 실험에 더해 모델이 공격을 한 결과 보수나 벌을 받는 모습을 아이들에게 보여주고 아이들이 어떤 영향을 받는지 라는 대리 강화 실험도 실시했다. '대리 강화'란 관찰학습 시에 타인의 행동 결과에 대해 보수나 벌이 발생한 경우 관찰자의 행동이 촉진 또는 억제되는 현상을 말한다.

이 실험에서는 3세에서 5세까지의 남녀 아이들이 참가하여 A부터 D까지 4개의 그룹으로 나눴다. A에는 모델이 공격한 결과 보수를 받는 영상, B에는 모델이 공격한 결과 오히려 당하는 영상, C에는 2명의 어른이 사이좋게 노는 영상, D에는 아무런 영상도 보여주지 않았다. 그 후 아이들을 여러 가지 장난감이 있는 놀이방으로 데리고 가서 행동을 기록했다.

비공격적 모델을 본 C 그룹과 아무 것도 보지 않았던 D 그룹의 아이들과 비교하여 공격에 의해 보수를 받은 모델을 본 A 그룹의 아이들은 공격 행동이 많았다. 이에 반해 공격에 의해 벌을 받은 모델을 본 B 그룹의 아이들은 공격 행동이 조금 적어지는 결과가 나왔다.

즉 사람은 공격적 모델을 관찰 학습함으로써 공격 행동을 취하기 쉬워지지만 공격의 결과로 대상이 어떤 상처나 죄라는 벌을 받은 경우는 공격 행동을 낮출 가능성이 높아진다는 것이다.

A. 반두라의 공격 행동의 대리 강화 실험

대리 강화 실험에서는 3세에서 5세까지의 남녀 아이들을 A에서 D까지 4그룹으로 나누고 그룹
별로 공격적 모델 또는 비공격적 모델 영상을 보여준다. 아이들을 장난감이 있는 방으로 옮기고
모델의 공격 행동을 모방하는지를 관찰한다.

그룹 A 어른이 상대를 공격한 결과 보수를 받는 영상

그룹 B 어른이 상대를 공격한 후 도리어 당하는 영상

그룹 C 2명의 어른이 사이좋게 노는 영상

그룹 D 아무 영상도 보여주지 않는다

검증 결과

공격해서 보수를 받은 모델을 본 A 그룹
아이들은 다른 모델을 본 아이들 보다 공
격 행동이 많고, 반대로 도리어 당한 모
델을 본 B 그룹의 아이들은 공격 행동이
다소 적었다.

● 모델에 대한 상벌과 공격 행동(출처: Bandura at., 1963)

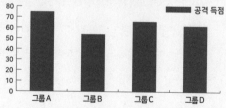

공격한 쪽이 당하는 영상을 본 그룹은 공격 행동이 다소 적었다. 이처럼 타인의 행동의 결과
에 따라 대상의 행동이 촉진 또는 억제되는 현상을 '대리 강화'라고 한다.

타인의 경과에 따라 행동이 바뀐다

30 사람은 자신의 행동에 일관성을 가지려 한다

키워드

문전 걸치기 전략,
일관성 욕구

단계적으로 요구를 받아들이면 일관성을 갖고 싶다는 심리가 작용한다

방문판매원이 '잠깐 이야기만 들어 달라'고 해서 거절할 생각이었지만 어쩔 수 없이 이야기를 듣다가 자신도 모르는 사이에 상품을 구입한 경험이 있을 것이다. 이와 같이 상대가 승낙하기 쉬운 작은 요구부터 단계적으로 요구를 크게 해서 미래의 요구를 성공시키는 기술을 '문전 걸치기 전략(Food in the door technic)'이라고 한다. 이 기술을 조사하기 위해 프리드먼과 프레이저는 가정 방문 실험을 했다.

여기서는 '교통안전 시민회'라고 가장하여 주택가를 방문해 실험자들에게 '안전운전을 하자'라고 적힌 간판을 현관 앞뜰에 설치해 줄 것을 부탁했다. 그냥 간판 설치를 요청한 경우 승낙률은 16.7%였지만 2주일 전에 작은 요청을 승낙한 집의 경우는 승낙률이 최대 약 76%로 상승했다.

2주 전에 요청한 것은 전부 4개의 패턴이 있는데 간판을 설치할 때와는 다른 단체로 가장하여 방문했다.

첫 번째는 '안전운전'이라고 쓰여 있는 10센티미터짜리 스티커를 자동차나 창문에 붙여 달라는 요청이었다. 두 번째는 지역 미화 스티커를 붙여 달라는 요청이었고, 세 번째는 교통안전의 입법화를 요구하는 탄원서에 서명을, 네 번째는 지역 미화 입법화를 요구하는 탄원서에 서명을 해 달라는 요청이었다. 이런 작은 요청을 사전에 실시함으로써 첫 번째 요청 후의 간판 설치 승낙률은 약 76%, 그 이외의 요청 후에 간판 설치율은 약 47%였다. 참가자는 작은 요청을 승낙함으로써 '자신이 좋다고 느낀 요청은 받아들여야 한다'는 일관성을 갖고 싶다는 심리가 작용하여 간판 설치 승낙률이 올라간 것이다. 이와 같이 일관성을 갖고 싶다는 심리를 '일관성 욕구'라고 한다.

문전 걸치기 전략 실험

'교통안전 시민회'의 회원이라고 하면서 캘리포니아의 한 주택가를 방문한다. '안전운전을 하자'고 적힌 간판을 현관 앞뜰에 설치해 줄 것을 의뢰했다. 또 이 실험을 하기 2주 전에 다른 단체를 칭하면서 스티커를 붙이거나 탄원서에 서명을 해 달라는 작은 요청을 의뢰했다.

이 간판을 설치해 주세요

음, 어쩌지…?

큰 요청

그냥 간판 설치를 요청

스티커를 붙이거나 탄원서에 대한 서명과 같은 요청이 없는 경우는 대부분의 참가자가 간판 설치를 거절했다.

간판 설치 승낙률
16.7%

사전에 스티커를 붙여달라고 요청

교통안전 스티커를 승낙한 사람의 대부분이 간판 설치에도 동의했다. 유사성이 강하면 승낙률도 올라간다.

간판 설치 승낙률 교통안전 스티커를 승낙한 경우
76.0%
간판 설치 승낙률 지역 미화 스티커를 승낙한 경우
47.6%

사전에 탄원서에 대한 서명을 요청

서명 후 간판 승낙률은 내용과 관계없이 약 47%였다. 지역 미화 스티커를 붙이는 것과 거의 비슷한 결과였다.

간판 설치 승낙률 안전 교통 서명을 승낙한 경우
47.8%
간판 설치 승낙률 지역 미화 서명을 승낙한 경우
47.4%

(출처: Freedman & Fraser, 1966)

작은 요청을 승낙함으로써 '자신이 좋다고 생각한 타인의 요청을 받아들여야 한다'는 일관성 욕구가 생겨 간판 설치를 받아들이기 쉽게 되었다고 할 수 있다.

일련의 행동에 일관성을 갖고 싶어 하는 심리를 '일관성 욕구'라고 한다. 그리고 이 실험처럼 사전에 작은 요구를 부탁하고 본래의 요구의 성공률을 높이는 것을 '문전 걸치기 전략'이라고 한다.

스티커도 붙였으니까 간판도 설치하자.

설치해도 좋아요!

사람은 자신의 행동에 일관성을 가지려 한다

31 타인의 평가로 의견이나 행동이 바뀐다

키워드

오퍼랜드
조건부여

긍정 또는 부정으로 사람의 행동은 바뀐다

우리들은 다양한 장면에서 타인으로부터 어떤 평가를 받고 있다. 그 대표적인 예가 긍정과 부정이다. 자신이 갖고 있는 의견(생각)에 대해 '그렇게 생각한다' 또는 '그렇게 생각하지 않는다'와 같은 평가를 받음으로써 자신의 태도에 변화가 생긴다. 긍정의 평가를 받는 경우 자신의 의견에 확신을 가지고 그 후에도 그 의견을 계속 가지는 경향이 강해진다. 부정당하는 경우는 자신의 의견에 자신이 없어지고 이후는 다른 의견을 갖는 경향이 강해진다. 이런 태도의 변화에는 '오퍼랜드 조건부여'라는 심리 프로세스가 작용하고 있다.

오퍼랜드 조건부여는 긍정이나 부정뿐만 아니라 칭찬을 받는 등의 '보수'를 받는 경우나 혼나는 등의 '벌'을 받는 경우에도 발생한다.

예를 들어 상사에게 일을 칭찬받으면 그 일에 대해 보다 적극적이 되어 그 사람의 의욕을 끌어내 생산성을 더욱 향상시킬 수 있다. 반대로 일을 실패해서 상사에게 혼나는 등의 벌을 받으면 태도를 고치려고 한다. 그러면 사람은 '혼나지 않기 위해 어떻게 하면 될지'를 생각하고 실패하지 않는 방법이나 새로운 생각을 모색하게 된다. 혼나는 그 순간에는 일의 생산성이 감소될지 모르지만 결국에는 생산성 향상으로 연결될 가능성도 있다.

주위 사람들의 '의욕을 끌어내고 싶다' 또는 '잘못된 궤도를 수정하고 싶다'는 경우에는 오퍼랜드 조건부여에 의해 일어나는 태도의 변화도 고려하면서 '당근(보수)'과 '채찍(벌)'을 주도록 하자. 이로써 그 사람의 생산성을 높일 수 있을지도 모른다.

오퍼랜드 조건부여의 예

이 상품은 잘 팔릴 거예요!
다들 어떻게 생각해요?

다른 사람이 자신의 의견을 긍정해 주면 '역시 내가 맞아'라고 생각하고, 부정당하면 '안 맞는 건가…'라고 태도를 바꾼다. 이런 태도의 변화에는 '오퍼랜드 조건부여'가 작용하고 있다.

저도 그렇게
생각해요!

저는 그렇게
생각하지 않아요

다른 사람에게 인정받음으로써 자신의 의견이나 생각에 자신을 갖고 이후도 그런 의견이나 생각을 계속 가지는 경향이 강하다.

다른 사람에게 부정당하면 자신의 의견이나 생각에 자신이 없어져 이후는 다른 의견이나 생각을 가지는 경향이 강하다

보수와 벌에 의한 태도 변환

칭찬받는 등 보수를 얻은 경우나 혼나는 등 벌을 받은 경우에도 오퍼랜드 조건부여가 발생하여 그 사람의 태도가 바뀐다. 둘을 적절히 잘 사용하면 그 사람의 의욕을 끌어내거나 새로운 사고에 도달하는 기회를 얻을 수가 있다.

다른 사람에게서 보수를 얻는다
· 인정받는다 · 칭찬받는다 등

다른 사람에게서 벌을 받는다
· 부정당한다 · 혼난다 등

태도 변화는 없다.
그 일에 대해 적극적이 된다.

태도를 고쳐
새로운 생각을 모색하게 된다.

다른 사람에게 인정받으면 이후도 비슷한 상황에서 똑같은 행동을 취하는 경향이 강해진다. 반대로 다른 사람에게 부정당하면 이후는 그 행동을 취하지 않는 경향이 강해진다. 이런 태도의 변화에는 '오퍼랜드 조건부여'라는 심리가 작용하고 있다.

타인의 평가로 의견이나 행동이 바뀐다

32 생산성을 올리는 열쇠는 노동조건보다 인간관계에 있다

키워드

호손 실험

종업원을 둘러싼 인간관계가 일에 영향을 준다

메이요는 당시 주류였던 조명의 조도나 휴식시간과 같은 물리적인 노동조건이 생산성에 영향을 준다는 생각에 기초하여 1924년부터 8년 동안 미국의 공장에서 '호손 실험'을 실시했다. 조명 실험에서는 조도를 일정하게 유지하는 경우와 단계적으로 밝게 하는 경우에서 생산성을 비교했다. 두 경우 모두 생산성이 상승하여 이후 조명을 어둡게 해도 상승한 생산성은 유지되었다.

5명의 종업원을 격리하여 실시한 계전기 조립 작업 실험에서는 작업실의 온도나 습도, 노동 일수나 휴식시간 등을 서서히 개선해 간 결과 생산성이 향상되었다. 그 후 이전의 노동조건으로 되돌리는 '악조건'도 실시했지만 생산성은 계속 올라갔다. 실제로 실험 중에 종업원을 일정한 심리 상태로 일하게 하기 위해 면담을 실시하여 요청을 들어가면서 물리적인 노동조건 이외의 조건도 조금씩 바꿔 갔다. 그러자 종업원들 사이에 실험 참가자로서 특별한 역할을 다하고 있다는 심적인 변화가 생겨 물리적인 노동조건이 나빠져도 생산성을 계속 올린 것이다. 이와 같이 관찰자에 의해 실험 참가자의 행동이 변화하는 것을 '호손 효과'라고 한다.

2만 명의 종업원을 대상으로 한 면접 실험에서는 종업원의 내력이나 직장의 인관관계의 만족도가 직장에서의 노동의욕 등에 영향을 주고 있다고 밝혀졌다. 또 배전기 권선 관찰 실험에서는 14명의 작업 집단을 관찰한 결과 사내에서 자연히 생긴 비공식적인 집단이나 규범이 생산성에 영향을 준다는 것을 알게 되었다. 호손 실험에 의해 생산성을 향상시키려면 물리적인 노동조건보다 종업원을 둘러싼 인간관계가 중요하다는 것을 알게 된 것이다.

호손 실험 ①

조명 실험(1924년~1927년)과 계전기 조립 작업 실험(1927년~1929년)은 물리적인 노동조건(조명의 조도, 방의 온도, 휴식시간 등)이 생산성에 영향을 준다는 것을 증명하기 위해 실시한 검증이었다. 하지만 둘 다 물리적인 조건의 변화와는 상관없이 생산성이 향상되었다는 결과가 나왔다.

● 계전기 조립 작업 실험

5명의 종업원을 격리시켜 계전기 조립 작업을 하게 하고, 그 안에서 아래와 같은 노동조건을 개선·개악해서 생산성에 어떤 변화가 발생하는지를 검증했다.

노동조건의 변경 내용
- 작업실의 온도와 습도
- 노동일수
- 휴식 횟수와 시간
- 휴식 중의 음식물 제공 등

노동조건이 바뀌어도 생산성은 향상되었다. **더욱이 좋은 조건이 모두 배제된 후에도** 생산성은 급락하지 않고 계속 올라갔다.

● 조명 실험

조명의 밝기를 일정하게 유지 또는 단계적으로 밝게 한 경우의 생산성을 비교했다. 또 아래 조건에서 비교 후 조명을 어둡게 한 상태에서의 생산성도 검증했다.

- 조명의 밝기를 일정하게 유지
  ⇒ 생산성 향상
- 조명을 단계적으로 밝게 한다
  ⇒ 생산성 향상

더욱이……
생산성 향상 후 조명을 어둡게 한다
  ⇒ 생산성 유지

호손 실험 ②

메이요 등은 앞의 실험 결과로부터 생산성에 영향을 주는 것은 물리적인 노동조건이 아니라 종업원을 둘러싼 인간관계나 개개인의 감정이 크게 관계하고 있다는 가설을 세우고 면접 실험(1928년~1930년)과 배전기 권선 관찰 실험(1931년~1932년)을 했다.

● 배전기 권선 관찰 실험

14명의 종업원이 한 그룹이 되어 전화교환기 배전반 조립 작업을 한다. 집단 안에서 인간관계 구축이나 조직이 형성되어 개인에게 어떤 영향을 주는지를 관찰했다.

공식적인 집단과 규범
- 상사와 부하의 관계 등

비공식적인 집단과 규범
- 동료로 형성된 커뮤니티 등

사내의 공식적인 집단과 규범보다 사내에서 자연히 생긴 비공식적인 집단과 규범이 종업원의 생산성에 영향을 준다는 것이 밝혀졌다.

● 면접 실험

전체 종업원 수의 반인 약 2만 명의 종업원과 면접하여 고충이나 불평 등을 조사했다.

직장에서 노동의욕 등과 같은 감정은 개개의 과거 가정 및 사회생활 내력이나 직장의 동료나 상사와의 인간관계가 원만한지 아닌지 등이 관계한다는 것이 밝혀졌다.

노동의 생산성에는 조명의 밝기나 방의 온도, 휴식시간과 같은 물리적인 노동조건이 관계한다고 생각했지만 '호손 실험'의 결과로 생산성은 노동자를 둘러싼 인간관계에 좌우된다는 것을 알게 되었다. 또 실험에 참가한 사람이 관찰자로부터 기대를 받고 있다고 의식하여 결과적으로 실험 참가자의 행동이 변화되는 것을 '호손 효과'라고 한다.

생산성을 올리는 열쇠는 노동조건보다 인간관계에 있다

33 보수는 의욕을 꺾는 요인이기도 하다?

보수나 벌이 오히려 호기심을 잃게 하는 경우

'동기부여'라는 말이 있다. 어떤 행동을 일으키는 데 필요한 마음의 작용을 말하는데, 최근에는 사원의 생산성을 높이기 위해 일에 대한 동기부여를 강화하여 성과를 올리려고 하는 기업이 늘고 있다.

동기부여에는 어떤 일에 대한 재미를 느끼고 행동하는 '자연발생적 동기부여'와 보수를 얻거나 벌을 회피하기 위해 행동하는 '외부발생적 동기부여'가 있다. 특히 자연발생적 동기부여는 본인의 흥미나 관심이 없으면 작용하지 않는 난점이 있지만 외적인 요인에 좌우되지 않고 행동이 지속되므로 비즈니스에서도 대단히 중요시되고 있다.

단, 주의해야할 점이 있는데 내적으로 동기가 부여되어 있는 행동에 대해 외적인 보수를 주는 행위(과도한 정당화)이다. 설령 그것이 매력적이어도 자연발생적 동기부여를 잃어버려 그 사람의 의욕을 꺾는 경우도 있기 때문이다. 이러한 현상을 '언더마이닝 현상'이라고 한다.

레퍼는 언더마이닝 현상을 조사하기 위한 실험을 했다. 이 실험에서는 그림 그리기를 좋아하는 아이들을 A에서 C까지 세 그룹으로 나누고, A 그룹에게는 '잘 그린 그림에 상을 준다'고 전달하고 그림을 그린 아이에게 상장을 수여한다. B 그룹에게는 아무 것도 전달하지 않고 그림을 그린 후에 상장을 수여한다. C 그룹에게는 아무것도 전달하지 않고 상장도 수여하지 않았다. 그로부터 일주일 후에 자유 시간에 아이들이 자발적으로 그림을 그리는 시간을 측정하여 각 그룹을 비교했다. 결과는 A 그룹 아이들은 다른 그룹보다 그림을 그리는 시간이 큰 폭으로 짧아져서 외적인 보수로 인해 그림 그리기를 좋아한다는 자연발생적 동기부여가 손실된다는 것을 알게 되었다.

자연발생적 동기부여와 외부발생적 동기부여의 예

몸을 움직이는 것이
즐겁다♪

대회에서 이기면
상금을 받는다!

자연발생적 동기부여
'운동할 때 기분이 좋다' 등 호기심이나 행동 자체에
즐거움을 느끼고 행동하는 것

외부발생적 동기부여
'우승 상금을 위해 연습한다' 등 보수를 얻기 위해
또는 벌을 피하기 위해 행동하는 것

보수에 의한 언더마이닝 현상 실험

그림 그리기를 좋아하는 아이들을 A에서 C까지 세 그룹으로 나누고 그림을 그리면 보수를 받는 조건과 그림을 그려도 보수를 받지 못하는 조건으로 실험을 했다. 그리고 자유 시간에 아이들이 자발적으로 그림을 그리는 시간을 비교했다. 보수의 존재로 인해 자연발생적 동기부여가 사라지는지 아닌지를 관찰했다.

그림 그리는 거
좋아♪

그룹 A
'잘 그리면 상장을 줄게'라고 말하고 그림을 그린 아이에게
상장을 수여한다.

그룹 B
아무 말도 하지 않고 그림을 그린 후에 상장을 수여한다.

그룹 C
아무 말도 하지 않고 상장도 수여하지 않는다.

실험 결과

사전에 보수의 존재를 알고 있던 A 그룹 아이들은 자발적으로 그림을 그리는 시간이 큰 폭으로 짧아졌다. 상장(보수)을 받지 못한다는 것으로 그림을 그리지 않게 되었다고 여겨진다.

A 그룹 아이들

상장을 못 받는다면
열심히 그림을 그릴 필요가
없겠지…

'그림 그리기를 좋아한다'는 자연발생적
동기부여가 상장이라는 외부발생적 동
기부여에 의해 변해버렸다.

A 그룹 아이들처럼 보수나 벌을 받음으로써 본래 느꼈던 호기심이나 재미를 잃어버리고 의욕을 잃게 되는 현상을 '언더마이닝 현상'이라고 한다.

34 근거 없는 예언이 왜 실현될까?

키워드
자기실현적 예언,
피그말리온 효과

예언은 그것을 믿는 사람들의 행동에 의해 실현이 된다

'예언을 실현한다'고 하면 굉장히 어려운 것처럼 생각되지만 실제로 그 원리를 알면 우리 생활에서 항상 일어나고 일이라는 것을 알 수 있다. 먼저 예언이 실현되어 가는 과정을 살펴보자.

어떤 음식점을 망하게 하고 싶은 남자가 그 가게에 관한 근거 없는 정보(예: '저 가게는 세무 조사를 받는 것 같아')를 퍼뜨린다. 그것을 들은 사람들은 그 가게에 가는 것을 삼가고 결과적으로 음식점은 경영난으로 도산한다. '음식점이 망할 것 같다'고 하는 예언이 현실로 이루어진 것이다. 이처럼 정보를 믿는 사람들의 행동에 의해 예언이나 기대가 현실로 되는 것을 '자기실현적 예언'이라고 한다.

로젠탈은 이런 예언이나 기대를 활용한 교육 실험을 했다. 이 실험에서는 어느 초등학교의 1학년부터 6학년을 대상으로 지능(IQ) 테스트를 한 후 테스트 결과와는 관계없이 무작위로 학생을 선출하여 교사에게 '이 학생들은 IQ가 높으므로 앞으로 성적이 향상될 것이다'고 알려준다. 반년 후에 다시 지능 테스트를 실시했더니 지능이 향상될 것이라고 했던 학생들의 성적이 실제로 늘어났다.

이 프로세스를 밝히기 위해 수업 풍경을 관찰해 보니 교사가 그 학생들에 대해 수업 중에 접할 기회를 많이 마련하고 호의적인 태도를 취했다는 것이 밝혀졌다. '성장한다'는 기대가 교육의 장에 큰 영향을 준 것이다. 그리고 세심한 교육을 받은 학생들은 교사의 기대에 부응해 성적을 향상시켰다. 이처럼 기대를 받는 사람이 그 기대대로 어떤 일을 성공시키는 것을 '피그말리온 효과'라고 한다.

자기실현적 예언의 프로세스

① 잘못된 예언이나 기대를 발언한다

저 가게는 분명 나쁜 짓을 하고 있어. 망해야 돼.

저 가게는 세무 조사를 받고 있는 듯해.

'가게를 망하게 하고 싶다'는 기대를 품고 '나쁜 짓을 하고 있는 가게니까 망해야 돼'와 같은 예언이나 근거 없는 발언을 한다.

② 잘못된 예언이나 기대에 반응한다

저 가게에는 가지 말자…

유언비어를 들은 사람들은 그것을 곧이곧대로 받아들여 아무도 그 가게에 가지 않게 된다.

③ 예언이 실현되어 가게가 도산한다

왜 아무도 안 오는 걸까!?

사실은 건전하게 경영하던 가게가 유언비어로 인해 도산한다. ①의 발언자의 예언이나 기대가 현실이 되어 '자기실현적 예언'이 성립한다.

피그말리온 효과 실험

로젠탈은 지능(IQ) 테스트를 한 후 그 결과와는 상관없이 무작위로 학생을 뽑아 교사에게 '이 학생들은 지능이 높으므로 앞으로 성적이 향상될 것이다'고 말한다. 반년 후 다시 지능 검사를 해서 교사에게 성적이 오를 것이라고 말한 학생과 그 이외의 학생들의 IQ를 비교했다.

선생님이 열심히 가르쳐 주시니까 기대에 부응해야지.

이 아이들은 앞으로 성적이 오를 아이들이니까 기대가 되네.

대상 아이들이 앞으로 성적이 크게 오를 것이라고 들은 교사는 다른 학생들보다 기대를 품고 지도하고, 지도를 받은 학생은 그 기대에 부응하려고 한다.

교사로부터 기대를 받은 학생들의 IQ가 실제로 올라갔다. 또한 저학년이 피그말리온 효과의 영향을 받기 쉽다는 것도 밝혀졌다.

● 1학년부터 6학년까지의 IQ 상승 그래프 (출처: Rosenthal&Jacobson, 1968)

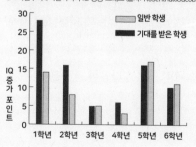

일반 학생 / 기대를 받은 학생

IQ 증가 포인트

1학년 2학년 3학년 4학년 5학년 6학년

이 교사와 학생처럼 기대를 받는 사람이 그 기대에 부응하여 어떤 일을 이룩하는 것을 '피그말리온 효과'라고 한다.

근거 없는 예언이 왜 실현될까?

35 사람은 무의식중에 차별을 하고 있다

키워드
의도치 않은
결과

편견이 강화되어 차별이 일어난다

인종차별이나 여성경시 등 지금이나 옛날이나 사람들은 크든 작든 다양한 '차별'로 고통받고 있다. 그렇다면 차별은 왜 일어나는 것일까? 거기에는 '의도치 않은 결과'라는 현상이 깊이 관련되어 있다. 의도치 않은 결과란 개인의 행동이 거듭되어 예상외의 큰 결과를 초래하는 현상을 말한다. 우리 사회로 예를 들면 생활을 유지하기 위해 일을 한 것뿐인데 결과적으로 사회 전체가 윤택해지는 것과 비슷하다. '사회 전체의 이익을 높인다'는 의식이 없어도 우리들의 행동이 돌고 돌아 그런 결과를 낳는 것이다.

차별도 처음에는 '차별하자'고 생각해서 시작된 것이 아니다. 제1차 세계대전 중 흑인 배척 정책은 노동조합의 '남부 출신 흑인은 파업에 불참한다'는 편견에서 시작되었다. 노조는 자신들을 지키기 위해 흑인들을 배척했고, 흑인들은 정규직에 취직을 못해 노동자 부족에 빠진 고용자에게 채용되면서 파업에 불참하게 되었다. 그 결과 노조는 '흑인은 파업에 불참하는 인종'이라고 판단하여 흑인을 차별하게 된 것이다.

취직의 경우 여성경시도 편견이 원인이 되는 경우가 많다. 기업 측이 장기간 일해 줄 사원을 얻기 위해 자사의 과거 퇴직률을 조사했더니 여성의 퇴직률이 높다는 것을 알았다. 그래서 기업 이익을 우선하기 위해 여성의 채용처를 종합직이 아닌 일반직에 집중시켜 여성경시가 일어난 것이다. 이 경우는 퇴직률이라는 데이터에 의해 '여자는 쉽게 그만 둔다'는 편견이 생겨 채용처를 좁히고 만 것이다. 이처럼 차별(경시)은 편견이 다양한 과정을 밟아 강화되어 가서 생기는 것이다.

의도치 않은 결과의 예

사람들은 살아가기 위해
상품을 생산하고 판매한다.

각 개인의 이익을 추구하는 행동이 거듭되어
사회 전체가 윤택해진다.

각 개인은 자신의 생활을 지키기 위해 일을 한 것뿐이지만 결과적으로 사회 전체의 부가 증대된다. 이처럼 행동한 사람들이 예상하지 못한 결과가 일어나는 현상을 '의도치 않은 결과'라고 한다.

왜 의도하지 않은 차별이 생길까?

● 제1차 세계대전 후 흑인 배척 정책의 예

노동조합이 '농업지대인 남부 출신의 흑인은 파업에 불참한다'는 편견을 갖는다.

흑인들이 노동조합으로부터 배척당한다.

노동조합을 경유한 정규직에는 취직할 수 없게 된 흑인이 파업으로 인한 인력부족에 고민하는 고용자에게 비정규직으로 채용되어 파업에 불참할 수밖에 없게 된다.

노동조합은 '역시 흑인은 파업에 불참하는군. 노조에는 절대로 못 들어오게 해야겠다'고 흑인을 차별한다.

노동조합이 가진
'흑인은 파업에 불참한다'는 편견이 돌고 돌아
강화되어 차별로 발전해 버렸다.

● 취직 시 여성경시의 예

회사 측은 중도 퇴직하지 않고 장기간 일해 줄 사원이 필요하다.

면접이나 서류전형만으로는 중도 퇴직할지 판단이 서지 않기 때문에 자사의 과거 중도 퇴직률을 조사한다.

남자에 비해 여자의 중도 퇴직률이 많다는 것을 알게 된다.

기업 이익을 우선하여 여자의 채용처를 종합직이 아닌 일반직에 집중시킨다.

인사 담당자가
여자에 대한 편견을 갖고 있지 않아도
결과적으로 여성경시가 일어나 버린다.

사람이 편견을 가지고 거기서 다양한 프로세스를 밟아 편견이 강화되어 가면 차별로 바뀐다. 더욱이 편견이나 차별이라고 의식하지 않아도 이익 추구 등에 의해 결과적으로 경시와 같은 차별 행위가 의도치 않게 일어나는 경우도 있다.

36 정말 우수한 리더는?

집단의 자기 변혁을 꾀하고 목표 달성을 이끄는 리더가 우수하다

조직이나 집단을 이끄는 데 필요한 리더십에는 몇 가지 종류가 있다. 모두 사람들을 통솔한다는 면에서는 비슷하지만 집단이나 조직에 주는 영향은 리더십의 종류에 따라 크게 달라진다. 사람 위에 서는 사람이 되기 위해서는 리더십의 종류를 알고 자신이 어떤 유형에 해당하는지를 확인하는 것이 좋을 것이다.

첫 번째 유형은 '교류형 리더십'이다. 팀 내 인간관계에 신경을 쓰면서 목표달성을 위해 사람들을 통합하고 이끌어 가는 능력이 있다. 일본의 미스미 주지가 세운 'PM 이론'에 의하면 리더십의 스타일은 목표달성능력과 통솔능력 둘 다를 갖고 있는 'PM형', 목표달성능력에 특화된 'Pm형', 통솔능력에 특화된 'pM형'. 목표달성능력도 통솔력도 갖고 있지 않는 'pm형'으로 세분화할 수 있다. 교류형은 이중 목표를 달성시키는 능력과 집단을 통합하는 능력 둘 다를 갖고 있는 PM형에 해당한다고 한다.

두 번째는 '변혁형 리더십'이다. 항상 변화를 계속하는 회사에 대응하기 위해 장래의 변화를 정확하게 예측하고 구성원에게 변화를 촉구함과 동시에 장기적 목표를 제시한다. 그리고 그것을 달성하기 위한 절차를 제시하고 스스로 솔선하여 집단이나 조직의 변혁을 촉구하는 능력이다. 개인뿐만 아니라 전체가 자기 변혁 능력을 익힐 수 있으므로 상당히 주목을 받고 있다.

세 번째는 '플레인지 리더십'이다. 이것은 교류형 리더십과 변혁형 리더십 두 능력을 모두 갖고 있는 하이브리드적인 존재로, B. J. 아볼리오가 제창했다.

3개의 리더십

교류형 리더십(transactional leadership)

팀 내 인간관계를 중시하면서 모두를 통합하고 목표달성으로
이끄는 리더십

● 교류형 리더십은 PM형에 해당된다
　(출처: Misumi, 1977, Sato & Hattori, 1993)

**동료에 대한
친절함과
배려를 가지고**

P 행동(목표달성기능)

높다

Pm형 목표를 달성시키는 힘은 있지만 집단을 통합하는 힘이 부족하다.	PM형 목표를 달성시키는 힘과 집단을 통합하는 힘 둘 다를 갖고 있다.
pm형 목표를 달성시키는 힘과 집단을 통합하는 힘 둘 다 부족하다.	pM형 집단을 통합하는 힘은 있지만 목표를 달성시키는 힘이 부족하다.

낮다　　　　　　M 행동(집단유지기능)　　　　　　높다

**목표달성을 위해
때로는 엄하게
때로는 상냥하게!**

변혁형 리더십(transformational leadership)

팀 구성원에게 변화를 촉구하고 장기적 목표를 제시한다. 그것을
달성하기 위한 절차를 보여주고 스스로 솔선하여 조직을 변혁해 가
는 리더십

풀레인지 리더십(full-range leadership)

인간관계와 목표달성의 배려능력이 높은 교류형 리더십과 팀의 현
재와 장래의 변화를 예측하고 그것에 대응할 수 있도록 자기 변혁
을 팀 내에 생산하는 변혁형 리더십을 모두 합한 존재

리더십에는 집단을 통합하여 목표달성에 향하는 '교류형', 집단 내에 자기 변혁을 촉구하여
조직을 변혁시키는 '변혁형', 교류형과 변혁형을 모두 갖고 있는 '풀레인지', 3가지 유형이 있
다. 교류형은 'PM 이론'의 PM형에 해당한다.

정말 우수한 리더란?

첫인상으로 모든 것이 결정된다?

비즈니스맨에게 첫인상은 매우 중요하다.

첫인상으로 '일을 잘할 것 같다' 또는 '일을 잘 못할 것 같다'로 보이냐에 따라 향후 여러분의 평가에도 크게 영향을 줄 가능성이 있다.

그 이유는 사람은 '상대는 틀림없이 이런 사람이다'라는 기대를 품으면 그 이후는 무의식중에 그 기대를 지지하는 정보에만 주목을 해버리는 경향이 있기 때문이다.

즉, 처음에 '일을 잘할 것 같다'로 보였다면 보고를 잘 한다던가 배려심이 있다와 같은 플러스 면이 크게 주목을 받아 '역시 쟤는 일을 잘하네'라는 식으로 평가하기 쉽다. 반대로 '일을 잘 못할 것 같다'로 보이면 시간 개념이 약하다던가 글씨가 더럽다와 같은 마이너스 면이 주목을 받아 '얘는 못쓰겠네'라는 평가를 내리기 쉽기 때문이다.

이것은 연애의 경우도 마찬가지로 여러분이 볼 때는 눈이 높고 제멋대로 같은 여자도 그 여자를 좋아하는 사람이 보면 개성적이고 심지가 굳은 여자로 보이는 경우가 있다. 이것은 실제로 상대에 대한 정보 중 자신의 기대에 따르는 것을 선택한 결과이지만 이 선택은 무의식적으로 일어나기 때문에 둘 다 자신의 인식이 맞는다고 믿어버리는 것이다.

개인과 대인 인식의
심리학

37 자신은 일반적이라고 착각하기 쉽다

키워드
폴스 컨센서스 이펙트,
샌드위치맨 실험

사람은 똑같은 조건에서는 다른 사람도 자신과 똑같은 행동을 할 것이라고 생각한다

개인과 타인 인식의 심리학

사람은 무의식적으로 '자신이 갖고 있는 의견이 일반적이고 적절한 것'이라고 생각하여 설령 그 의견이 잘못됐다고 인식해도 '자신의 판단은 옳았다. 다른 사람도 똑같은 입장이라면 그렇게 판단했을 것'이라고 자신의 의견이나 판단을 정당화하려고 한다. 이처럼 자신의 의견이나 행동이 일반적이라고 생각하는 현상을 '폴스 컨센서스 이펙트(False Consensus Effect)'라고 한다.

폴스 컨센서스 이펙트는 자신과 비슷한 가치관이나 경험을 가진 사람과 협력하는 환경이나 자신의 선택을 중요시하여 그에 대한 합의를 얻으려고 하는 심리, 자신의 행동은 다른 사람에 의해 초래된 것으로 똑같은 상황이라면 다른 사람도 똑같은 행동을 할 것이라는 의식, 자신은 가치 있는 인간으로 그 판단이 잘못되지 않았다는 사고와 같은 여러 요인이 겹쳐져 발생한다고 여겨진다.

로스는 실제로 행동을 선택하는 상황에서도 폴스 컨센서스 이펙트가 발생한다고 생각해 어느 대학에서 '샌드위치맨 실험'을 했다. 학생에게 '샌드위치맨 광고판을 목에 걸고 캠퍼스를 걸어 달라'고 의뢰한 후 그 의뢰에 대해 동의하는지 거부하는지를 대답하게 했다. 그리고 다른 학생에게도 똑같은 의뢰를 한 경우 그 학생이 동의할지 아닐지도 대답하게 했다. 실험의 결과 의뢰에 동의한 학생 중 대부분은 다른 학생도 동의할 것이라고 대답했고, 반대로 거부한 학생의 대부분은 다른 학생도 거부할 것이라고 대답했다. 취향이나 의견과 같은 사고뿐만 아니라 행동을 선택하는 상황에서도 폴스 컨센서스 이펙트가 발생한다는 것이 증명된 것이다.

폴스 컨센서스 이펙트란

저는 국수보다 라면을
더 좋아해요.
다른 사람들도 라면을
더 좋아할 거예요!

'폴스 컨센서스 이펙트'란 사람은 자신의 의견이나 행동이 일반적이라고 생각하여 똑같은 상황에서는 남도 자신과 똑같은 의견이나 행동을 할 것이라고 생각하는 현상을 말한다.

● 왜 자신은 일반적이라고 생각하는 것일까?

요인1
사람은 자신과 비슷한 가치관이나 관심, 경험을 갖고 있는 사람과 협력하는 경향이 강하다.

요인3
사람은 자신의 행동은 주위에 의해 초래되었다고 생각하는 경향이 있어서 똑같은 상황에서는 남도 똑같은 행동을 할 것이라고 생각한다.

요인2
사람은 자신의 선택을 중요시하여 그 선택에 대해 합의를 얻으려고 한다.

요인4
사람은 자기 자신을 가치가 있는 사람이라고 생각해 그것을 유지하기 위해 자신의 선택은 틀리지 않았다고 생각하는 경향이 있다.

이런 요인이 겹쳐져 '자신의 생각이나 행동은 일반적이고 보통이다. 다른 사람도 자신과 똑같은 생각을 갖고 있을 터'라는 생각에 이른다.

샌드위치맨 실험

대학생에게 샌드위치맨 광고판을 걸고 캠퍼스를 활보해 달라고 의뢰한다. 이 의뢰에 동의하는지 아닌지를 대답하게 한 후 다른 학생이 이 의뢰에 동의할지 아닐지에 대해서도 대답하게 한다.

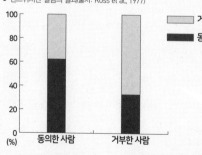

● 샌드위치맨 실험의 결과(출처: Ross et al., 1977)

거부할 사람의 비율
동의할 사람의 비율

의뢰에 동의한 학생은 다른 학생도 자신과 마찬가지로 의뢰에 동의할 것이라고 대답했다. 반대로 의뢰를 거부한 학생은 자신과 마찬가지로 다른 학생도 의뢰를 거부할 것이라고 대답했다. 이로써 폴스 컨센서스 이펙트가 선호와 같은 개념뿐만 아니라 실제로 행동을 선택하는 상황에서도 발생한다는 것이 증명되었다.

자신은 일반적이라고 착각하기 쉽다

사람이 항상 합리적인 판단을 하는 것은 아니다

미끼가 있으면 사람은 비합리적인 선택을 해버린다

경제학에서는 원래 '사람은 합리적인 판단을 한다'고 생각해 왔다. 그러나 실제로 인간의 행동을 관찰해 보면 사실 그렇게 합리적인 판단을 하는 것은 아니라고 밝혀졌다. 사람이 합리적이지 않다는 것을 보여주는 실험 중 하나로 에일얼리의 '미끼 효과(Decoy Effect)' 실험이 있다. 이 실험은 잡지 구독 안내를 사용한 실험으로 대학생 100명에게 다음과 같은 조건에서 어떤 잡지를 구독할지를 물어봤다.

① 온라인 잡지 연간 구독 ⋯ 가격 59달러

② 종이 잡지 연간 구독 ⋯ 가격 125달러

③ 온라인 잡지 + 종이 잡지 연간 구독 ⋯ 가격 125달러

결과는 ①이 16명, ②가 0명, ③이 84명으로, ③의 온라인 잡지 + 종이 잡지를 선택한 사람이 압도적으로 많았다. ②의 종이 잡지와 ③의 온라인 잡지 + 종이 잡지 세트는 둘 다 가격이 똑같기 때문에 ②를 고를 이유는 없다. 물론 출판사도 이 점을 잘 알고 있다. 그렇다면 왜 ②의 선택지가 있을까? 이유는 바로 ③을 구입하게 하기 위한 '미끼'인 것이다.

실제로 똑같은 대학생에게 선택지 ②를 빼고 선택지를 둘로만 좁혀 물어본 결과 ①을 선택한 학생이 68명, ③을 선택한 학생은 32명으로 미끼가 있었을 때와는 전혀 다른 결과가 나왔다. 처음에 ③을 선택한 사람은 그대로 ③을 선택할 것 같지만 대학생들은 왜 선택을 바꾼 것일까? 그 이유는 사람은 사물을 상대적으로 판단하기 때문이다. 처음의 경우는 선택지 ②가 있었기 때문에 ③이 이득이라고 느껴 선택하는 사람이 많았지만, ②가 없으면 그런 이득을 봤다고 느끼지 못하고 ③을 선택하는 사람이 줄어든 것이다.

댄 에일얼리의 미끼 효과 실험

대학생 100명에게 3가지 잡지 구독 플랜 중 어느 것을 구입할지를 물어봤다. 플랜 중 ②는 ③이 이득이라는 것을 보여주기 위한 미끼 선택지이다. 사람이 합리적이라면 ②가 있든 없든 똑같은 것을 구입하겠지만 실제로는 미끼에 크게 영향을 받는다는 결과가 나왔다.

● 대학생 100명에게 어떤 것을 구입할지를 물어봤다

③이 이득이네!

| 조건 1 | 미끼 선택지 ②가 있는 경우 |

① 온라인 잡지 연간 구독 ······················· **가격 59달러**
(선택한 사람 ➡ 16명)

② 종이 잡지 연간 구독 ······················· **가격 125달러**
(선택한 사람 ➡ 0명)

③ 온라인 잡지 + 종이 잡지 연간 구독 ·········· **가격 125달러**
(선택한 사람 ➡ 84명)

③을 선택한 사람이 압도적으로 많았다.

똑같은 내용이라면
저렴한 ①이 좋겠어.

| 조건 2 | 미끼 선택지 ②를 뺀 경우 |

① 온라인 잡지 연간 구독 ······················· **가격 59달러**
(선택한 사람 ➡ 68명)

③ 온라인 잡지 + 종이 잡지 연간 구독 ·········· **가격 125달러**
(선택한 사람 ➡ 32명)

조건 1 과는 달리
①을 선택하는 사람이 급증했다!

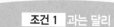

사람이 항상 합리적인 판단을 하는 것은 아니다

39 의사결정의 메커니즘

키워드
알고리즘,
휴리스틱

의사결정에는 알고리즘과 휴리스틱이 있다

사람은 뭔가를 선택할 때 시간을 들여 정보를 꼼꼼히 조사하고 선택하는 경우와 한정된 정보를 사용하여 재빨리 선택하는 경우가 있다. 전자의 해결 방법을 '알고리즘(Algorithm)'이라고 하고, 후자의 해결 방법을 '휴리스틱(Heuristics)'이라고 한다.

우리의 일상생활에서 예를 들어보면 휴대전화를 바꾸고 싶은 경우 알고리즘은 여러 가지 휴대전화를 만져보고 사용감이나 가격을 신중히 따져보고 선택한다. 자신이 원하는 정답에 확실하게 도달하는 반면 시간과 노력이 든다는 단점이 있다. 이에 반해 휴리스틱은 예를 들어 '가장 잘 팔리는 휴대전화'라는 키워드를 바탕으로 바꿀 기종을 좁혀 선택한다. 반드시 자신이 원하는 정답에 도달하는 것은 아니지만 적은 노력과 시간을 가지고 효율적으로 정답에 도달할 가능성이 있다는 장점이 있다. 또 휴리스틱에는 '대표성 휴리스틱', '가용성 휴리스틱' 등이 있다.

대표성 휴리스틱은 카테고리 안에서 대표적 또는 전형적인 특징을 사용하는 방법이다. 휴대전화를 바꿀 때를 예로 들면 '가장 인기 있는 것'이라는 카테고리 안에서 가장 대표적인 특징인 '젊은 사람이 갖고 있다'는 정보를 끌어내 그것을 바탕으로 휴대전화를 선택한다. 가용성 휴리스틱은 여러 사물을 비교하는 경우에 떠올리기 쉬운 사항을 우선시하는 방법이다. 휴대전화를 선택할 때 과거에 잡지에서 본 휴대전화의 매출 순위에서 A라는 휴대전화가 1위였던 것을 기억해 내 그 정보를 바탕으로 구입할 휴대전화를 정하는 것이다.

2가지 해결 방법으로 의사를 결정한다

해결 방법 ① 알고리즘

시간을 들여 확실한 정답을 찾아내려고 하는
해결 방법

해결 방법 ② 휴리스틱

한정된 정보 속에서 재빨리 대답을 도출하는
해결 방법

~의사결정의 흐름~

새로운 휴대전화를 사고 싶다

여러 휴대전화를 만져 보고 사용감이나 가격을 보고
자신에게 맞는 것을 신중히 고른다.

'가장 잘 팔리는 휴대전화'라는 키워드를 바탕으로
직관적으로 고른다.

이 경우 휴대전화를 하나씩 만져서 기능이
나 사용감을 확인한 후 가장 좋은 1대를 찾
아낸다. 하지만 휴대전화의 종류가 너무 많
아 취사선택이 어려우면 시간이 걸리는 경
우가 있다.

반드시 자신이 원하는 정답에 도달하는 것
은 아니지만 단시간에 효율적으로 정답에
이를 가능성이 있다. 또 휴리스틱에는 '대
표성 휴리스틱'과 '가용성 휴리스틱' 등이
있다.

● 상황에 맞춰 변화하는 휴리스틱

대표성 휴리스틱

카테고리 중에서 대표적이고 전형적인 특징을 사용하는 방법

카테고리 가장 인기 있는 휴대전화

카테고리의 대표적인 특징 젊은 사람이 갖고 있는 휴대전화

⇒ '가장 인기 있다'는 카테고리 안에서 가장 대표적인 '젊은 사람이 갖고 있다'는
해결안에 도달하여 A라는 휴대전화를 구입한다.

가용성 휴리스틱

여러 사물을 비교할 때 떠올리기 쉬운 사항을 우선시하려고 생각하는 방법

⇒ 잡지에서 휴대전화 매출 순위에서 A라는 휴대전화가 1위였던 것을 본 적이
있다. 구입 시 '가장 인기 있는 휴대전화는 A'라는 정보를 떠올려 A라는 휴대전화
를 구입한다.

의사결정에는 시간을 들여 확실한 정답을 찾아내는 알고리즘과 적은 정보를 구사하여 재빨
리 선택하여 정답에 도달하려는 휴리스틱이라는 2가지 해결 방법이 존재한다. 더욱이 휴리
스틱에는 카테고리 안의 대표적인 특징을 이용하는 대표성 휴리스틱과 여러 사물을 비교할
때 떠올리기 쉬운 사항을 우선시하려고 생각하는 가용성 휴리스틱 등이 있다.

40 타인의 행동은 당사자에게 원인이 있다?

키워드
내적 귀인,
외적 귀인,
기본적 귀인 오류

사람은 타인의 행동 원인을 생각할 때 그 사람의 내면적인 것에서 원인을 추구하는 경향이 있다

사람은 사건 뉴스 등을 보면 범죄의 행동 원인을 추측하려고 한다. 그런 추측 과정을 '귀인 과정'이라고 하며, 원인을 추측하는 것을 '귀인(歸因, Attribution)'이라고 한다. 귀인에는 '내적 귀인'과 '외적 귀인'이 있는데 각각 생각의 방향성이 다르다. 내적 귀인은 '범인은 폭력적인 사람'과 같이 당사자(가해자)의 성격과 같은 내적인 것이 원인으로 행동했다고 추측하는 것이다. 이에 반해 외적 귀인은 '상대방이 뭔가를 하지 않았을까?' 등 다른 사람(피해자)이나 환경에 행동의 원인이 있다고 추측하는 것이다. 또한 사람은 타인의 행동 원인을 생각할 때 외적인 원인을 경시하고 내적인 원인을 중시하는 경향이 있다. 때문에 '범인에게 원인이 있다'는 생각에 이르기 쉽고, 이런 사고의 편향을 '기본적 귀인 오류'라고 한다.

존스와 해리스는 사람이 정말로 내적인 원인을 중시하는지를 검증하기 위해 에세이 실험을 했다. 학생을 두 그룹으로 나누고 쿠바의 카스트로 정권을 지지하는지 아닌지에 대한 에세이를 쓰게 했다. A 그룹에는 정권을 지지하는지 아닌지를 쓰는 사람의 의사에 맡겼고, B 그룹에는 쓸 내용을 사전에 지시했다. 그 후 실험 참가자들에게 학생들이 쓴 에세이를 읽게 해서 글쓴이의 본심을 추측하도록 했다. 이때 반수의 사람에게는 글쓴이가 자신의 의사로 내용을 골랐다고 말했고, 다른 반수의 사람에게는 글쓴이에게 지지하는지 아닌지를 이쪽에서 지시했다고 전달했다. 결과는 정권을 지지하는 내용을 쓴 학생을 글쓴이의 의사와 상관없이 카스트로 정권 지지파라고 여기는 비율이 높았는데, 이는 기본적인 귀인 오류가 일어난 결과이다.

타인의 행동을 추측하는 행위란?

● 귀인

사람이 행한 행동에 대해 왜 그런 행동을 했는지 원인을 생각하는 것.

이 사람은 왜 그런 범죄를 저질렀을까?

상대의 태도가 나빴기 때문이 아닐까?

이 범인이 폭력적인 성격이었기 때문이 아닐까?

● 내적 귀인

당사자(가해자)의 성격 등 내적인 것이 원인으로 행동했다고 생각하는 것.

● 외적 귀인

타인(피해자)이나 환경이 원인으로 행동했다고 생각하는 것.

기본적 귀인 오류

사실은……타인의 행동을 추론할 때 외적인 원인보다 내적인 것이 원인이라고 생각하는 경향이 강하다.
때문에 '범죄자는 그 사람에게 원인이 있다'고 생각하기 쉽다.

93

다른 사람이 취한 행동에 대해 사람은 그 사람이 왜 그런 행동을 했는지를 생각한다. 이를 '귀인'이라고 하는데, 귀인에는 그 사람의 성격 등 내면적인 것이 원인이라고 생각하는 '내적 귀인'과 그 사람 이외의 다른 사람이나 환경이 원인이라고 생각하는 '외적 귀인'이 있다. 그리고 사람은 귀인을 할 때 외적인 것보다 내적인 것이 원인이라고 생각하는 경향이 강하다. 이것을 '기본적 귀인 오류(Fundamental Attribution Error)'라고 한다.

카스트로 정권에 관한 에세이 실험

그룹 A의 글쓴이

카스트로 정권을 지지하는지 아닌지를 글쓴이의 의사에 맡긴다(자유 선택 조건).

그룹 B의 글쓴이

교사가 사전에 카스트로 정권을 지지 또는 반대하는 내용을 쓰도록 지시한다(지정 조건).

실험 참가자

반수의 사람에게는 글쓴이가 자신의 의사로 내용을 골랐다고 말했고, 나머지 사람에게는 지지하는지 아닌지를 연구자가 지정해서 쓰게 했다고 말한 후 지지 여부를 추측하게 했다.

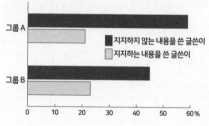

자유 선택 상황과 지정 상황에 상관없이 지지하는 내용을 쓴 사람을 카스트로 정권의 지지파라고 추측하는 비율이 높았다.

● 글쓴이가 카스트로 정권의 지지파인지 반대파인지를 추측한 그래프(출처: Jones & Harris, 1967)

교사의 지시로 썼다는 외적 요인보다 글쓴이가 실제로 정권을 지지하고 있다는 내적 요인을 중시하는 경향이 강했다. 이는 기본적 귀인 오류가 일어난 결과이다.

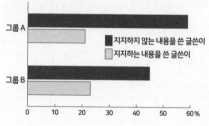

그룹 A

■ 지지하지 않는 내용을 쓴 글쓴이
□ 지지하는 내용을 쓴 글쓴이

그룹 B

0 10 20 30 40 50 60%

타인의 행동은 당사자에게 원인이 있는가?

41 한쪽으로 치우친 억측은 왜 생겨날까?

키워드
자기봉사적 편향,
인과 스키마,
할인·할증 원리

사람은 과거의 경험이나 행동 이유를 바탕으로 추측하기 때문에 편향된 억측이 생겨난다

타인의 행동 원인을 생각할 때 기본적 귀인 오류(92쪽)에 의해 내적인 것을 원인으로 하는 경향이 강하지만 자기 자신의 행동 원인을 생각하는 경우는 어떨까? 켈리는 사람은 어떤 일이 성공한 경우는 내적인 것을 원인으로 생각하고, 실패한 경우는 외적인 것이 원인이라고 생각한다고 논했다. 예를 들어 요리에 도전하여 성공한 경우는 자신의 솜씨 덕분이라고 생각하고, 실패한 경우는 '주위가 시끄러웠다' 등 자기 이외의 존재 때문에 실패했다고 생각하는 것이다. 이렇게 자신에게 좋은 쪽으로 생각하는 것을 '자기봉사적 편향(Self-serving bias)'이라고 한다. 자신에게는 관대하고 타인에게 엄격한 사람은 자기봉사적 편견이 강하다고 할 수 있다.

또 켈리는 사람이 편향된 억측을 하는 요인에 대해서도 설명하고 있다. 첫 번째는 '인과 스키마(인과관계 지식)'이다. 타인의 행동을 추측할 때 그 사람의 내면이나 행동 시의 상황과 같은 정보가 부족해도 자신의 지식이나 경험으로부터 마음대로 원인을 생각해 버린다는 것이다. 두 번째는 '할인 원리'이다. 예를 들어 타인의 행동에 대해 어떤 이익이 발생한다고 느낀 경우는 그 이익이 행동의 원인이라고 생각하고 그 사람의 내면(친절함 등)을 고려하지 않게 되는 경향이 있다. 세 번째는 '할증 원리'이다. 타인의 행동에 대해 행동한 당사자에게 손실이 동반된다고 느낀 경우는 그 사람의 내면을 보려고 하는 경향이 강해진다. 할인 원리와 할증 원리에 관해서는 똑같은 상황에서도 추측하는 사람에 따라 대답이 달라진다. 설령 그것이 올바른 해석이었다 할지라도 적은 정보를 바탕으로 한 편향된 억측이라는 점은 변함이 없다.

자기봉사적 편향에 대해

요리가 잘 된 것은 내 요리 솜씨가 좋았기 때문이야.

실패한 이유는 주위가 시끄러워서 집중을 못했기 때문이야.

● 요리에 성공한 경우

자신의 행동이 성공한 경우는 성공의 원인을 내적 요인에서 찾는다. 이 경우는 요리 솜씨가 좋다는 내적 요인을 성공의 이유로 생각했다.

● 요리에 실패한 경우

자신의 행동이 실패한 경우는 실패의 원인을 외적 요인에서 찾는다. 이 경우는 주위가 시끄러웠다는 외적 요인을 실패의 이유로 생각했다.

사람은 자신의 성공은 자신의 내적인 것이 원인이고, 실패는 외적인 것이 원인이라고 생각하는 경향이 강하다. 이처럼 자신에 대해 관대한 생각을 갖는 것을 '자기봉사적 편향'이라고 한다.

사람은 왜 편향된 억측을 하는 것일까?

편향된 억측의 원인 ①
인과 스키마(인과관계 지식)로 정보를 보완한다

그 사람의 내면이나 행동 시의 상황과 같은 정보가 부족해도 자신이 쌓아온 지식과 경험과 같은 인과 스키마를 바탕으로 원인을 생각한다.

공원에서 놀고 있었을 뿐인데 호통을 치다니 정말 성질이 급한 사람이네.

아이들 목소리의 크기나 떠들고 있던 시간대와 같은 정보를 고려하지 않고 '호통치다 = 성질이 급한 사람'이라는 편향된 억측을 하고 만다.

편향된 억측의 원인 ②
할인 원리

타인의 행동에 대해 행동한 당사자에게 이익이 되는 요인이 있다고 느낀 경우는 그 사람의 내면을 보려고 하지 않는 경향이 강하다.

일을 도와준 답례로 얻어먹는 것이 목적 아냐?

도와준 대가를 얻는다는 생각이 앞서버려 그 사람의 내면을 고려하지 않고 추측한다.

편향된 억측의 원인 ③
할증 원리

타인의 행동에 대해 행동한 당사자에게 손실이 온다고 느낀 경우는 그 사람의 내면을 보려고 하는 경향이 강하다.

바쁜데도 일을 도와주다니 정말 친절한 사람이구나.

바쁜데도 일을 도와준다는 것은 그 사람에게 불이익이 오는 행동을 취하는 것이므로 '이 사람은 친절한 사람이다'라고 추측한다.

타인의 행동을 추측할 때 그 사람의 성격이나 주위 상황과 같은 정보가 적은 경우 자신의 경험이나 지식을 사용하여 행동의 원인을 추측하려고 한다. 이런 자신의 지식과 경험을 '인과 스키마(인과관계 지식)'라고 한다. 또 행동을 추측할 때 예를 들어 행동한 사람에게 이익이 되는 요인 유무에 따라 생각이 바뀐다. 이익이 있다고 생각한 경우는 내면을 보지 않는 경향이 강해지는 '할인 원리'가 일어나고, 손해가 된다고 생각한 경우는 내면을 보는 경향이 강해지는 '할증 원리'가 일어난다.

42 사람들이 고교 야구에 열중하는 이유는?

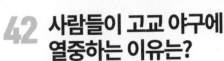

키워드

사회적 정체성

집단에 소속함으로써 존재를 확인할 수 있다

현대 사회를 살아갈 때 사람은 다양한 공통점을 발견하고 동료 의식을 만들어 간다. '수다떨기를 좋아한다', '생각이 적극적이다'와 같은 내적 특징으로부터 파악한 자기 인식은 '개인적 정체성'이라고 하는데, 자신을 형성하는 데 있어서 중요한 요소가 된다.

한편 자기소개에서 'ㅇㅇ 고등학교 출신', '×× 회사 영업부 근무' 등이라고 하는 경우가 많은데 이처럼 집단이나 사회적 카테고리로부터 파악한 자기 인식을 '사회적 정체성'이라고 한다.

사회적 정체성에는 남성여성과 같은 성별이나 국적 등도 포함되며, 그 집단이 평가받음으로써 소속되어 있는 자신의 자존심이 충족된다고 한다.

그 때문인지 사회적 정체성에는 자신이 소속한 집단의 구성원이라는 것 자체를 평가하고 싶다는 마음이 들어 있다. 누구나 자신이 소속한 집단이 좋은 평가를 받기를 바라고 있기 때문에 고교 야구에서는 자신의 출신지 학교나 졸업한 고등학교를 열심히 응원하는 것이다.

그렇다면 자신이 소속한 집단이 바람직한 평가를 받지 않은 경우에는 어떻게 될까? 이 때는 그 집단에서 떨어져 다른 집단으로 옮겨가는 '사회 이동'이나 스스로 노력해서 다른 집단보다 더 좋게 만들려는 '사회 변동'과 같은 행동을 생각할 수 있다.

이런 움직임도 무리인 경우에는 '우리보다 더 심한 경우도 있다'와 같이 보다 낮은 집단과 비교하는 '사회적 "창조성"' 반응이 일어나는 경우도 있다.

소속 '집단'이란?

국적 **성별**

회사 **출신지**

사회적 정체성의 형성은 자신을 어떤 집단이나 사회적 카테고리의 일원으로 위치시키는 데서부터 시작된다. 이것을 자기 카테고리화라고 부른다.

자신이 소속한 카테고리는 몇 개의 계층 구조를 갖고 있기 때문에 상황에 따라 개인적 정체성과 사회적 정체성 중 어느 하나가 강하게 인식되는지가 달라져 간다.

사회적 정체성이란 그 사람이 소속된 집단이나 사회적 카테고리로부터 파악한 자기 인식을 가리킨다.
성별, 국적, 회사, 출신지 등이 여기에 해당한다.

자신이 속한 집단에 만족하지 않는 경우는?

● 다른 단체로 옮겨간다(사회 이동)

공부해서 유명한
학교에 들어갈 거야!

● 다른 집단과의 차이를 없애려고 한다(사회 변동)

노력을 거듭해서
반드시 우승할 거야!

● 인지를 바꾸거나 보다 하향 집단과 비교한다(사회적 "창조성" 반응)

더 심한 회사도
있어.

지금 자신이 있는 집단에 바람직한 결과가 나오지 않는 경우 다른 단체로 옮겨가거나 차이를 없애려고 하거나 인지를 바꾸는 등의 행동을 취하게 된다.

43 고정관념과 편견은 왜 생겨날까?

키워드

고정관념

고정관념은 무의식중에 일어난다

고정관념(stereotype)이란 특정 집단에 대한 과도한 단순화, 획일화된 개념을 말한다. 'A형이니까 꼼꼼하다'와 같은 것도 고정관념의 일례이다.

인간은 자신이 속한 내부 집단에서 다른 집단을 볼 때 외부 집단의 사람에 대해 이런 개념을 적용하기 쉽다. 해당 인물을 한 사람밖에 모르는데도 마치 그것이 그 집단 전체에 공통되는 특징인 양 여겨버리는 것이다.

이런 고정관념은 무의식중에 시작되는 경우가 많다. 특히 나쁜 이미지를 갖게 되면 편견이나 차별로 이어질지도 모른다.

그렇다면 이런 고정관념에서 빠져 나오기 위해서 어떻게 하면 될까?

첫 번째는 상대가 속한 카테고리를 보다 많이 아는 것이다. 한 측면에서만 보고 있으면 보이지 않았던 것이 다른 각도에서 보면 잘 보이는 경우가 있다. 의식적으로 다른 카테고리를 찾아서 보는 것이 좋다.

다른 하나는 상대를 잘 아는 것이다. 실제로 접해 보면 '사실은 이랬구나!', '생각했던 거하고 다르다'와 같은 점이 나올 것이다. 이렇게 고정관념에 묶인 관점을 바꿔 보면 보다 좋은 관계를 쌓을 수 있을 것이다.

고정관념을 완전히 없애는 것은 불가능하다고 한다. 그러나 적어도 자신 안에 그런 단순화하는 경향이 있다고 인식하는 것만으로도 사회는 달라져 갈 것이다.

주변에 자주 보이는 고정관념의 예

유명대학교 졸업

좋은 고정관념
• 머리가 좋다 • 논리적이다 • 지식이 풍부하다

나쁜 고정관념
• 융통성이 없다 • 이론만 내세운다 • 차갑다

다른 집단에서
본 경우

연예인

좋은 고정관념
· 재능이 있다 · 사교적이다 · 밝다

나쁜 고정관념
· 경박할 것 같다
· 감정 기복이 심하다
· 생활이 느슨하다

자신이 소속되지 않은 집단(외부 집단)에 대해 과도하게 단순화된 획일적인 개념을 고정관념이라고 한다. 고정관념에는 좋은 이미지와 나쁜 이미지가 있다.

99

고정관념과 편견은 왜 생겨날까?

고정관념을 회피하려면

● 상대가 소속한 다른 카테고리를 안다

의사는 깐깐할 것
같아...

취미가 서핑이래!
재미있을 것 같아

● 실제로 상대와 접해 본다

다가가기
힘들 것 같아...

이야기해보니
굉장히
상냥하네!

고정관념화된 생각을 바꾸려면 상대가 소속된 새로운 카테고리를 아는 것과 상대와 실제로 접해보는 것이 중요하다. 이로써 상대의 다른 면을 볼 수가 있다.

44 유행을 따르는 사람, 거스르는 사람

음식이나 패션, 음악 등 세상에는 '유행'이 넘쳐난다. 이런 유행이란 도대체 어떤 것일까?

처음에 들 수 있는 것은 일정한 범위의 사람에게 퍼진다는 것이다. 연대적, 지역적으로 뭉쳐진 층에서 유행하고 그 이외의 사람은 관심을 갖지 않는다. 그 다음으로 일정 기간에 끝나버린다는 점도 특징이다. 말하자면 '붐'이라는 것으로, 몇 개월에서 1년 정도인 것이 많다. 그리고 이것들이 의도적으로 만들어진 것이라는 점도 중요하다. 특히 현대는 매스컴이나 인터넷 등을 통해 다양한 유행이 생겨나고 있다.

그렇다면 유행을 따르는 사람과 거스르는 사람에게는 어떤 차이가 있는 것일까?

사실 유행에 민감한 사람과 거스르는 사람에게는 공통된 특징이 있다. 바로 '독자성'이다. 둘 다 '주위의 많은 사람과는 다른 것을 하고 싶다'는 의식을 바탕으로 움직인다. 그것이 '유행을 앞선다'와 '유행을 전혀 신경 쓰지 않는다'는 두 방향으로 나뉘는 것일 뿐이다. 한편 어느 정도 퍼진 후에 유행을 따르는 사람은 '동조성'을 중시한다고 할 수 있다. '주위 사람과 똑같은 모습을 하고 싶다'고 생각해서 유행에 맞추고 있는 것이다.

이상과 같이 '독자성'과 '동조성'이 서로 다투면서 그 사람이 유행에 대응하는 방식이 만들어지는 것이다. 가장 먼저 받아들이는 '이노베이터'와 같은 사람이 있는 반면 피크를 지날 무렵 올라타는 '유행에 뒤늦게 따르는' 사람도 일정 수 있는 것이다.

'유행'이란 무엇일까?

1 대상 범위가 한정된다

갖고 싶어!
재미있을 것 같아.

전혀 관심이
없어.

《젊은 여성》　　《중년 남성》

● 유행에 민감한 사람·거스르는 사람

다른 사람과
다른 옷을 입고 싶어!

독자성에 대한 욕구가 강하다

● 유행을 그냥 따르는 사람

모두와 똑같은 모습을
하고 싶어

동조성에 대한 욕구가 강하다

2 일정 기간만

Sun	Mon	Tue	Wed	Thu	Fri	Sat
					1	2
3	4	5	6	7	8	9
10	11	12	13	14	15	16
17	18	19	20	21	22	23
24	25	26	27	28	29	30
31						

3 의도적으로 만들어진다

지금 ○○가 핫해!
올해는 ××가 유행해!

● 유행이 번지는 방법

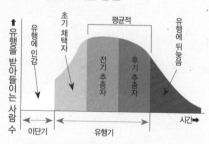

유행을 받아들이는 사람 수

유행에 민감
초기 채택자
평균적
전기 추종자
후기 추종자
유행에 뒤늦음

이단기　유행기　시간➡

유행이란 일정 수의 사람들이 일정 기간, 똑같은 행동을 취하려는 심리로 만들어지는 것이다. 거기에는 다른 사람과 다른 것을 하고 싶다는 **독자성**과 모두와 똑같은 것을 하고 싶다는 **동조성**, 두 가지 감정이 들어 있다.

45 좋은 관계에는 밸런스가 필요하다

키워드

균형이론

'나'와 '상대'와 '좋아하는 것'의 관계

균형이론(Balance Theory)은 미국의 심리학자 프리츠 하이더가 제창했다.

예를 들어 여러분에게 좋아하는 이성이 있는데 자신은 개를 좋아하지만 상대는 개를 싫어한다고 하자. 거기에는 '똑같은 것을 좋아할 수 없을까' 하는 스트레스가 발생한다. 이런 상태를 균형이론을 사용하여 설명할 수 있다는 것이다.

사람(P)이 상대(O)에 대해 갖는 태도(PO)는 어떤 대상(X)에 대해 갖는 관계(PX)와, 상대와 그 대상과의 관계(OX)로부터 영향을 받는다는 것이다. 이 관계를 '좋다'는 플러스, '싫다'는 마이너스로 각각 나타내면 모두 8가지의 패턴이 나온다. 그리고 각각의 기호를 곱했을 때 결과가 플러스가 되면 균형 잡힌 관계, 마이너스가 되면 균형이 깨진 관계가 된다.

좀 전의 예로 말하자면 자신은 개를 좋아한다는 플러스와 상대는 개를 싫어한다는 마이너스, 그리고 자신은 상대를 좋아한다는 플러스를 곱하면 마이너스가 된다. 즉 균형이 잡히지 않으므로 스트레스가 생기게 된다는 것이다.

이처럼 균형이 깨진 상태가 되었을 때는 어떻게 대처해야 좋을까?

거기에는 3가지 방법이 있다. 첫 번째는 대상에 대한 자신의 상태를 바꾸는 것, 둘째는 상대에게 대상에 대한 태도를 바꾸게 하는 것, 그리고 마지막으로 상대와의 관계를 해소하는 것이다. 이 이론을 염두에 두고 다른 사람과의 관계를 생각해 보면 좋을 것이다.

균형이론

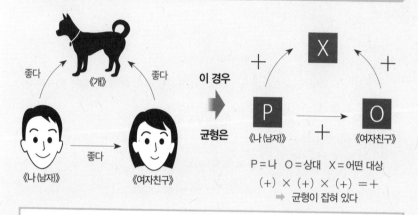

좋다 《개》 좋다

좋다

《나 (남자)》 《여자친구》

이 경우 ➡ 균형은

X

P → O

《나 (남자)》 《여자친구》

P = 나   O = 상대   X = 어떤 대상
$(+) \times (+) \times (+) = +$
➡ 균형이 잡혀 있다

균형이론에서는 자신과 상대와 대상물에 대한 태도에 따라 균형이 잡히는지 아닌지가 정해진다. 이 그림의 경우 자신은 개를 좋아하고, 여자친구도 개를 좋아하고, 자신은 여자친구를 좋아하므로 모든 감정이 플러스로 나타난다. 이 관계의 기호를 곱했을 때 플러스가 되면 균형(밸런스)이 잡혀 있는 상태, 마이너스가 되면 불균형한 상태가 된다.

불균형한 상태를 해소하려면?

1 대상에 대한 태도를 바꾼다

개를 안 좋아하지만 좋아하게 될 거야!

2 상대의 태도를 바꾸게 한다

개를 좋아해 줘!

3 상대와의 관계를 해소한다

헤어지자

자신과 상대, 그리고 어떤 대상의 관계가 불균형할 경우 사람은 스트레스를 느끼게 된다. 이를 해소하는 데는 3가지 방법이 있다. 자신의 대상에 대한 태도를 바꾸거나 상대에게 태도를 바꾸게 하거나 상대와의 관계를 해소하는 것이다. 스트레스를 없애기 위해서는 어떤 방법을 취하지 않으면 안 된다.

46 사람은 어떻게 설득당하는가?

키워드
메시지·심리적
리액턴스

상대를 설득하기 위한 테크닉

설득이란 자신과는 다른 상대의 생각이나 태도를 바꾸려고 하는 것을 말한다. 이것은 주로 4개의 과정으로 이루어진다. 먼저 발신자의 발신 내용이 상대의 '주의'를 끌 것. 그 다음 발신자의 메시지를 상대가 '이해'할 것이다. 여기서 정보가 상대에게 가치 있는 것이면 그 다음 단계인 '수용'으로 이어진다. 그리고 이 단계에서 발신자의 메시지를 수신자가 받아들이게 된다. 마지막으로 설득 내용을 상대가 '기억'하면 완료된다.

능숙하게 설득하려면 발신자의 신뢰성도 중요하다. 상대가 대학 교수 등 전문가인 경우나 주위에서 신뢰를 얻고 있는 사람이라면 보다 신뢰성이 올라가기 때문에 받아들이기 쉬워진다.

또한 수신자가 너무 전문 지식이 없는 경우는 좋은 면만을 제시하는 '일면적 메시지'가 유효하며, 반대로 수신자가 이미 어느 정도의 지식을 갖고 있는 경우는 나쁜 면도 같이 제시하는 '양면적 메시지'가 유효하다고 한다. 그 이유는 일부러 반대 의견도 넣음으로서 객관적이고 공정한 정보라고 느끼게 하기 때문이다.

물론 발신자의 자세도 중요하다. 설득의 의도를 명료하게 하고 수신자에게 어떤 이점이 있는지를 설명해야 한다.

설득을 할 때 주의해야 하는 또 하나는 심리적 리액턴스(Reactance, 저항)이다. 이것은 설득 당한 내용이 수신자 자신의 자유를 크게 위협하는 것이라고 느끼면 오히려 들은 내용과는 반대의 행동을 취해 자유를 회복하려고 하는 심리 프로세스를 말한다.

설득의 과정

1 주의

뭐지?

홈쇼핑

2 이해

몸에 좋고
가격도 싸네.

3 수용

○○ 주문할게요.

4 기억

또 뭔가
좋은 상품이 있을지도

홈쇼핑

사람이 설득 당하는 데는 4개의 과정이 있다. 먼저 주위를 끌고, 설득 대상자가 그 내용을 이해한다. 그리고 그 메시지를 받아 들여 행동을 하고, 그것을 기억하게 하는 것이다.

설득의 조건

● 상대의 신뢰성

의사가 말하는 거니까
확실하겠지.

● 수신자의 지식량

위험에 대해서도
말해주지 않으면
믿을 수 없어…

● 심리적 리액턴스

술은 몸에 안 좋아.

내 맘이야!

설득의 조건으로는 상대의 이야기에 신뢰감을 느낄 것, 수신자의 지식량에 따라 설명을 해 줄 것 등을 들 수 있다. 또 수신자가 자신의 자유를 침해당한다고 느낄 때는 설득 내용과는 반대 행동을 취해 자유를 회복하려고 하는 경우가 있다. 이것을 심리적 리액턴스라고 한다.

사람은 어떻게 설득당하는가?

47 스릴을 맛보면 상대의 매력이 올라간다

키워드
흔들다리 실험 ·
정동 2요인 이론

사람을 좋아하게 만들기 쉬운 상황

사회심리학의 실험 중에 가장 유명한 것 중 하나로 흔들다리 실험이 있다.

먼저 똑같은 강에 걸린 흔들다리와 목조다리 위에서 18세부터 35세까지의 남성 참가자에게 남자 질문자와 여자 질문자가 질문을 한다. 그리고 '연구의 자세한 내용에 관심이 있다면 연락을 해 달라'고 말하고 전화번호를 건네준다. 실험에서는 그 전화번호를 받는지 그리고 그 후 전화로 연락을 해 오는지 아닌지를 조사했다.

실험 결과는 매우 흥미로웠다. 전화번호를 건네받은 사람은 두 다리에서 거의 차이가 없었지만 전화를 걸어온 사람은 흔들다리 쪽이 훨씬 많았다. 참고로 이 결과는 여성 질문자가 질문을 한 경우에 한한 것으로, 남성 질문자의 경우는 큰 차이가 보이지 않았다. 즉 흔들바위와 같은 위험한 곳에 있으면 거기서 만난 이성에게 호감을 갖게 된다는 결과가 나온 것이다.

이것은 정동 2요인 이론(Two-factor theory of emotion)으로 설명할 수 있다. 사람은 어떤 요인에 의해 심박수가 상승하는 등의 생리적인 환기가 일어나면 그 때 놓여있는 상황 속에서 요인을 찾으려고 한다는 것이다. 흔들바위 위에서 공포심으로 인해 심장이 두근거리면 무의식중에 그 원인을 생각해 그때 눈앞에 있던 여성에 대해 호의를 느끼고 있다고 착각하게 만드는 것이다. 또 사람은 불안할 때 다른 사람과 같이 있고 싶다는 친화욕구가 증가한다고 알려져 있다. 때문에 이성과 둘이서 귀신의 집에 가거나 롤러코스터와 같은 놀이기구를 타는 행동은 사이를 돈독하게 하기 위한 효과적인 수단이라고 할 수 있다.

흔들다리 실험

흔들리는 흔들다리와 안정된 목조다리 위에서 인터뷰를 한 경우 질문지에 대답을 한 사람과 전화번호를 받은 사람에는 큰 차이가 나오지 않았지만 나중에 '연구의 상세 내용에 관심이 있다'고 전화를 걸어온 사람은 3배 이상 차이가 났다.

흔들다리 효과는 왜 일어날까?

● 생리적 환기　　　● 요인의 인지　　　● 정동

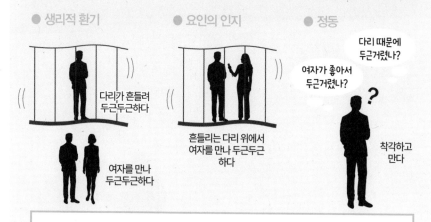

다리가 흔들려
두근두근하다

여자를 만나
두근두근하다

흔들리는 다리 위에서
여자를 만나 두근두근
하다

다리 때문에
두근거렸나?

여자가 좋아서
두근거렸나?

?

착각하고
만다

어떤 요인에 의해 생리적 환기(이 경우는 두근거림)가 일어나면 놓여있는 상황 속에서 그 요인을 찾으려고 한다. 정동을 거기서 인지한 요인과 관련시켜 해석하는 경우 연애 감정이라고 착각하게 된다. 이와 같은 심리 프로세스를 정동 2요인 이론이라고 한다.

소박한 리얼리즘

사람은 어떤 사물에 대해 인식을 할 때 '자신의 해석이 진실이고 상대도 그것을 알고 있을 터'라고 착각하는 경향이 있다. 이것을 '소박한 리얼리즘'이라고 하는데 다음과 같은 3가지 신념으로부터 생긴다.

❶ 자신은 어떤 일을 객관적 현실 그대로 보고 있으며 자신의 태도나 신념은 입수한 정보와 증거를 냉정하고 왜곡 없이 이해한 결과이다.

❷ 자신과 똑같은 정보를 액세스하고 조리 있게 숙려하고 편견 없이 숙고하면 다른 사람도 자신과 똑같은 반응, 행동, 의견에 이른다.

❸ 자신과 상대의 의견이 맞지 않을 때는 (1) 다른 사람은 자신과 다른 정보에 접촉했다, (2) 다른 사람은 태만하고 이성적이지 않다. 객관적 증거로부터 이치에 맞는 결론을 이끌어 내는 규범적 방법을 취하지 않았다 또는 불가능하다.

어떤 문제에 대해 논의를 할 때 찬성파와 반대파가 서로 자신의 주장을 양보하지 않고 논의가 팽팽하게 맞서는 경우가 자주 있는데, 쌍방이 이 '소박한 리얼리즘'에 물들어 있다고 생각하면 그런 상황도 납득이 갈 것이다.

의미 있는 논의를 하기 위해서는 '자신이 그렇듯 상대도 자신이 맞는다고 믿고 있다'는 것을 이해하는 것이 중요하다.

제 5 장

사회의 모습과
심리학

48 죄수의 딜레마란?

딜레마에 빠지는 원리

사람은 사회 속에서 살아갈 때 여러 딜레마(진퇴양난 사태, 궁지)에 직면한다. 그 중 하나를 설명할 사례로 죄수의 딜레마(Prisoner's dilemma) 게임이 있다.

어떤 사건에서 공범 의혹을 받는 두 남자를 체포해서 각각 취조를 한다. 쉽게 자백하지 않는 남자들에게 검사가 어떤 사법 거래를 제안한다.

모두 이대로 입을 열지 않으면 둘 다 징역 3년, 한 쪽이 자백하면 자백한 쪽은 불기소, 다른 한 쪽은 무기징역이다. 양쪽이 자백했다면 둘 다 징역 10년을 받는다. 이런 조건을 들은 죄수는 고민을 한다. 다른 한 쪽이 어떻게 나올지를 모르는 상황에서 고민은 깊어질 것이다.

그러나 사실 이 게임은 내용을 정리해 보면 자백한 쪽이 결과적으로는 이득이 된다. 상대가 입을 열지 않은 경우 자신이 입을 열지 않으면 징역 3년이고, 자백을 하면 불기소, 상대가 자백한 경우는 자신이 입을 열지 않으면 무기징역이고 자백하면 징역 10년이 되기 때문이다.

여기서 딜레마가 생기는 것은 상대가 어떤 행동을 취할지 알 수 없기 때문이다. 그리고 또 하나 더 생각해야 할 것은 입을 열지 않는다는 것은 상대의 선택에 대해 '협력한다'는 의미를 갖고 있다는 것이다. 결과적으로 자신이 손해를 입을 가능성이 있어도 사람은 상대에게 협력하는 경우가 있다. 이것은 똑같은 게임을 한 번만이 아니라 여러 번 반복해서 하는 경우 뚜렷이 나타난다. 이로써 사람은 오래 사귀는 상대에 대해 협력적이 되기 쉽다는 측면이 증명되었다.

죄수의 딜레마 실험

● 공범으로 잡힌 두 명의 죄수에게 검사가 사법거래를 제안한다

《죄수 A》

《죄수 B》

두 명은 따로따로 취조를 받고 서로
이야기할 수 없다.

검사가 제안한 조건

- 둘 다 입을 열지 않으면
  둘 다 징역 3년.
- 자기만 자백하면 불기소.
  (상대는 무기징역)
  반대도 마찬가지.
- 둘 다 자백하면
  둘 다 징역 10년.

《죄수 A》의 생각

나도 저 녀석도 자백 안 하면 둘 다 징역 3년으로
끝난다. 하지만 만일 저 녀석이 자백 안 할 경우 나만 자백
하면 불기소가 되니까 이득이다. 하지만 둘 다 자백하면 징역
10년이니까 그것보다는 둘 다 자백 안 하는 편이 낫다.
아, 잠깐. 만일 나만 입 다물고 저 녀석이 자백하면
그거야 말로 최악인 무기징역이다……

죄수의 딜레마, 사실은…

● 죄수의 딜레마의 이득 행렬

상대가 자백 안 한 경우 징역 3년이
아니라 불기소. 상대가 자백한 경우
무기징역이 아니라 10년이 되므로 둘
다 자백을 안 하는 편이 이득이다.

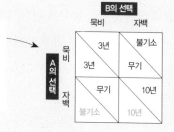

왼쪽 아래가
A의 결과,
오른쪽 위가
B의 결과이다.

죄수의 딜레마는 상호의존관계에 있는 사회적 상황을 그리고 있다. 이런 상황은 우리 일상
생활 속에서 종종 발생한다. 그런 경우 반드시 '보다 이득'이라는 단기 이익만으로 움직인다
고 할 수 없다. 거기에 '협력'이라는 행위가 발생하는 것이다.

49 죄수의 딜레마를 사용한 컴퓨터 토너먼트

컴퓨터로 밝혀진 전략

죄수의 딜레마 게임(110쪽)에서는 대전을 계속 거듭하면 협력적 관계가 나온다고 한다. 이 관계에 대해 컴퓨터를 사용하여 증명한 것이 국제정치학자인 액설로드이다. 그는 게임이론 전문가들을 불러 죄수의 딜레마를 사용한 게임 전략 프로그램을 모집했다.

'컴퓨터 토너먼트'라 불리는 이 대전(계산기 실험)에서는 14명의 전문가가 작성한 프로그램에 협력과 배신이 무작위로 50%씩 나오는 프로그램을 추가해 200번 반복하는 리그전을 실시했다.

프로그램에는 상대의 전략을 간파한 후 자신의 전략을 정하는 고도로 복잡한 것도 있었다. 하지만 결과적으로 가장 높은 성적을 낸 것은 '틧포탯((Tit for tat) 전략'이라는 가장 단순한 프로그램이었다.

틧포탯 전략이란 맨 처음에는 협력하고 그 다음부터는 상대가 이전 회에 취한 수와 똑같은 수를 자신도 취한다는 전략이다. 이 결과는 큰 반향을 불러와서 두 번째 실험에서는 전 세계 전문가가 참여하여 63개의 프로그램으로 대전을 했다. 대전 결과 역시 가장 높은 성적을 거둔 것은 틧포탯 전략이었던 것이다.

액설로드는 틧포탯 전략의 특징을 4가지 들고 있다. 첫 번째는 자신은 상대를 배신하지 않는다는 '품격'있는 전략이며, 두 번째는 상대의 배신에는 바로 응대한다. 세 번째는 상대의 협력에도 바로 대응한다. 마지막은 상대가 내 의도를 알기 쉽다는 것이다. 오래 전부터 전해져 온 '눈에는 눈, 이에는 이'라는 말도 이 틧포탯 전략을 나타낸다고 할 수 있을 것이다.

컴퓨터 토너먼트 방법

● 죄수의 딜레마를 사용한 계산기 실험

상대의 선택

		C(협력)	D(배신)
자신의 선택	C(협력)	40엔 / 40엔	60엔 / 0엔
	D(배신)	0엔 / 60엔	20엔 / 20엔

자신이 상대에게 협력할지 배신할지를 정해 상대가 그에 대해 어떻게 대응했는지에 따라 이익 금액이 달라지는 것을 나타낸 표(왼쪽 아래가 자신의 이익금. 오른쪽 위가 상대의 이익금). 이것을 반복하여 실시한다.

이 게임을 반복 실시할 때의 전략 프로그램을 모집한다!

액설로드

전 세계로부터 전략을 모집, 리그전을 펼친다.

계산기 실험의 결과는…

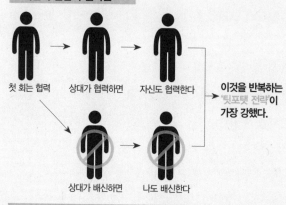

첫 회는 협력   상대가 협력하면   자신도 협력한다

상대가 배신하면   나도 배신한다

이것을 반복하는 '팃포탯 전략'이 가장 강했다.

컴퓨터 토너먼트 연구가 발표된 것은 1980년이다. 그 이후 심리학 연구에서도 컴퓨터를 활용한 시뮬레이션을 많이 도입하게 되었다.

액설로드는 죄수의 딜레마를 사용한 게임에서 전 세계로부터 모집한 전략 프로그램으로 리그전을 펼쳤다. 이것이 컴퓨터 토너먼트이다. 그 결과 가장 강한 전략은 상대가 이전 회에 취한 수를 그대로 자신의 수로 반복하는 '팃포탯 전략'이었다.

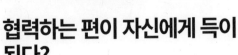

50 협력하는 편이 자신에게 득이 된다?

키워드
상호이타주의, 규범

인간관계는 기브 앤 테이크가 기본이다

일본에는 '여행 중 창피는 당연하다'는 말이 있다. 이것은 한 번밖에 가지 않는 곳이라면 그 후 오래 사귈 일도 없으니 창피스러운 일을 해도 괜찮다는 뜻이다. 이 말을 반대로 생각하면 오래 사귈 경우는 상대의 기분을 고려해서 자기 멋대로 행동하는 일을 삼가야 한다고 해석할 수 있다.

자신이 상대와 뭔가를 할 때 상대의 협력을 이용하는 듯한 더러운 전략을 갖고 있으면 상대도 그것을 간파하고 결국 결과는 좋지 않게 된다. 즉 지속적인 양자 관계에서 '철저한 이기주의'는 통용되지 않는다는 것이다.

상대와 협력을 할 때 가장 중요한 개념은 상호성(호혜성), 이른바 기브 앤 테이크이다. 상대가 뭔가 해주면 자연히 나도 뭔가를 해 주고 싶어진다. 상호성을 규범으로 하는 관계가 관계를 오래 지속시킬 수 있는 비결이라 할 수 있다.

이런 생각을 바탕으로 거리를 좁혀가는 방법 중 하나가 자기개시이다. 이것은 상대에게 자신에 대해 많이 말해가면 상대도 자신에 대해 말하게 되어 둘의 거리가 좁혀져간다는 것이다. 자기개시를 함으로써 상대에게 높은 신뢰감을 주고 호감이 증가한다고 한다. 또 말하는 내용도 표면적인 부분뿐만 아니라 점점 자신의 내면과 관련된 것도 포함시키면 더욱 효과적이다.

더욱이 일본 속담에 있는 '남에게 인정을 베풀면 그 응보는 자신에게도 돌아온다'라는 것도 다른 사람에게 친절히 대하면 돌고 돌아 자신에게 되돌아온다는 의미로, 상호성을 나타낸 것이라 할 수 있다.

상호 협력과 상호 비협력

● 상호 협력

협력하자! 좋아!

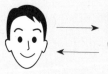

● 상호 비협력

호구로 생각해 못 믿겠어.

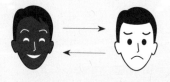

연구에 따르면 자신이 먼저 나서서 배신하지 않는다는 선량한 전략의 경우 상호 협력이 이루어져 좋은 결과가 나오지만, 상대의 협력을 이용하려고 하는 나쁜 전략은 결국 상호 비협력 상태에 빠져 거기서 두 번 다시 벗어날 수가 없어 나쁜 결과만 나오게 된다.

상호이타주의의 예

● 기브 앤 테이크

상대가 해 준 만큼 나도 상대에게 베푼다

● 자기 개시

난 이런 사람이야

나도 말하자

자신에 대해 이야기함으로써 신뢰를 얻는다

● 남에게 베푼 인정은 되돌아온다

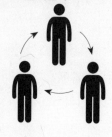

사람에게 인정을 베풀면 그것이 돌고 돌아 자신에게도 좋은 응보로 되돌아온다는 가르침

상호성은 이른바 '기브 앤 테이크'이다. 내 요구를 들어주는 대신 상대의 요구도 들어주는 것. 또 일상에서 활용할 때는 자신을 상대에게 오픈하고 상대의 이야기도 들어준다는 자기 개시도 중요하다.

협력하는 편이 자신에게 득이 된다?

51 지나친 자기 이익 추구는 사회 전체의 이익을 깎아버린다

전체에 이익이 되기 위해서는 이타적 이기주의의 확립이 필요하다

오래 사귈 양자 관계에서는 기브 앤 테이크가 중요하다고 말했지만 이것이 좀 더 많은 사람이 소속된 커뮤니티가 되면 어떻게 될까?

철학자 하딩은 공유지의 비극이라는 예를 들어 이 문제를 설명하고 있다.

산업혁명 전후의 영국 농촌에는 커몬스라는 공유지가 있었는데 농민들은 거기에 양모를 얻기 위한 양을 방목하여 기르고 있었다. 농민 한 사람 한 사람의 입장에서 보면 공유지에 방목하는 자신의 양이 많으면 많을수록 양모 수확량이 늘어 이익이 된다. 그러나 사람들이 모두 그렇게 해 버리면 목초가 없어지는 등 공유지가 황폐화되어 결국에는 전원이 양을 기르지 못하게 되어 전체가 손실을 입는다.

이 상황은 개인의 이익과 3자 이상의 집단 전체의 이익이 대립하는 상황으로 '사회적 딜레마'라고 부른다. 이와 같은 상태를 해결하기 위해 어떤 수단을 취해야 좋을까?

먼저 공유지를 관리하는 사람을 두고 규칙을 지키면 상을 주고 어기면 벌을 주는 당근과 채찍 작전이 중요하다. 또 공유지의 상황에 대해 교육을 실시하고 도덕관이나 가치관의 전환을 촉구할 수도 있다. 단, 이 두 경우 대책에 비용이 들고 자신 이외의 사람이 규칙을 지킬지 아닐지 불신감을 갖게 되는 다른 딜레마도 발생한다.

최종적으로는 그런 시책을 포함하여 '사회 전체의 이익이 되는 행동이 바로 자신의 이익이 된다'는 의식, 이른바 이타적 이기주의를 모든 사람이 확립해 가는 것이 중요하다.

공유지의 비극

양치기 한 사람 한 사람이 보다 많은 양을 기르려고 하면 목초지가 황폐해지고 결국 한 마리도 기를 수 없게 된다는 딜레마의 예

사회적 딜레마의 해결

● 당근과 채찍

규칙을 어기면 벌, 지키면 상을 준다.

벌과 상에 의한 제도를 만들면 그것을 유지하기 위한 비용이 들어 그 부담을 둘러싸고 이차적인 딜레마가 발생해 버린다.

● 도덕관, 가치관의 전환

사회의 구조, 규칙에 대해 교육한다

사회적 딜레마를 해결하려면 '사회 전체의 이익이 되는 행동이야말로 자신을 위한 것'이라는 이른바 '이타적 이기주의'를 모든 사람이 확립해 가는 것이 중요하다.

지나친 자기 이익 추구는 사회 전체의 이익을 깎아버린다

52 도와주는 행동으로 사람이 얻는 것은?

키워드
한정 교환,
일반 교환

눈에는 안 보이는 심리적 자원 · 사회적 자원

뭔가를 살 때 돈을 지불하거나 일한 만큼 보수를 받는 등 우리 생활에서는 항상 여러 가지 자원의 교환이 일어나고 있다. 이를 사회적 교환이라고 한다.

사회적 교환에는 한정 교환과 일반 교환이 있다. 한정 교환은 자신과 상대가 일대일로 주고받는 것이며, 일반 교환은 자신이 자원을 제공하는 상대와 자신에게 자원을 제공해 주는 상대가 반드시 일치하지 않는 상황을 말한다. 한 번밖에 가지 않은 레스토랑에서 팁을 많이 주는 것은 긴 안목으로 보면 그 친절함이 어딘가에서 자신이나 사회에 되돌아오지 않을까 하는 의식이 작용한 일반 교환이라고 할 수 있다.

그리고 사람들 사이에서 교환되는 '자원'은 돈과 상품과 같은 구체성을 가지는 것뿐만이 아니다. 형태는 없지만 애정과 같은 심리적 자원, 지위나 명예와 같은 사회적 자원, 경우에 따라서는 만족감 등도 자원에 포함될 수 있다. 그리고 오히려 눈에 보이지 않는 쪽이 받는 상대에 따라 가치가 달라지는 '개별성'이 높고 중요한 것이 된다.

즉 사람이 누군가를 도와주는 행동은 자신이 한 일이 다른 곳에서 다시 자신에게 되돌아올지 모른다는 일반 교환 의식이 있고, 더욱이 심리적 자원과 사회적 자원과 같은 눈에 보이지 않는 가치를 얻고 싶다는 마음이 있기 때문에 일어난다. 세상의 대부분의 사회에서는 자신이 도움이나 호의를 받으면 상대에게 되돌려 주는 쪽이 결국에는 자신의 이익이 되는 상호성 규범이 보인다. 이와 같은 것도 서로 도움을 주는 행동을 계속해 가는 이유 중 하나라고 할 수 있다.

사회의 모습과 심리학

사회적 교환이란?

● 한정 교환

일대일로 교환을 한다.

● 일반 교환

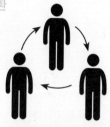

제공하는 사람과 받는 사람이
동일하지 않다.

사회적 교환에는 한정 교환과 일반 교환이 있다. 한정 교환이란 자신과 상대 사이에서 자원을 직접 교환하는 것을 말한다. 한편 일반 교환은 자신이 자원을 제공하는 상대와 자신에게 자원을 제공해 주는 상대가 일치하지 않는 상황을 말한다.

● 사회적으로 교환되는 것과 특성

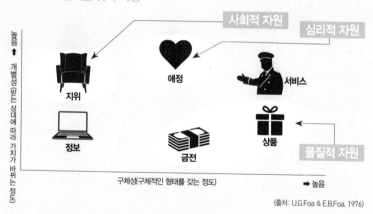

(출처: U.G.Foa & E.B.Foa. 1976)

사회적으로 교환되는 것 중에는 상품, 금전과 같이 구체적으로 보이는 것 외에도 정보나 서비스와 같이 눈에 보이지 않는 것도 있다. 또 애정과 같은 심리적 자원과 지위나 명예와 같은 사회적 자원 등도 포함된다. 그림 안에서 애정과 서비스처럼 가까운 위치에 있는 자원끼리는 교환이 쉽게 이루어진다고 한다.

53 보수의 공평한 분배 방법은?

키워드

분배 원리

모두 동일한 금액에 만족한다고 할 수 없다

회사에서 팀으로 일해서 성과가 올랐을 때 그 보수는 어떻게 분배되는 것이 불공평함이 가장 적을까?

애덤스가 세운 이론에 따르면 자신이 투입한 비용에 대해 보수가 적을 때는 물론 보수가 너무 많을 때도 불공평함을 느낀다고 한다.

그렇다면 보수의 분배 원리에는 어떤 것이 있을까?

처음에 들 수 있는 것은 공헌도에 따라 분배하는 '형평 원리'이다. 실적을 바탕으로 받는 성과급이 여기에 해당한다. 그 다음은 전원이 균등하게 배분하는 '평등 원리'이다. 성과와 상관없이 일정액을 받는 급여 등이 이 예에 해당된다. 그리고 보수를 필요로 하는 정도에 따라 분배하는 '필요 원리'와 가장 높은 실적을 올린 사람에게 모든 것을 주는 '독점 원리'도 있다.

각 용도를 보면 경제적 생산을 목적으로 하고 구성원 간에 경쟁이 생기도록 하는 경우에는 형평 원리가 지지를 받고, 쾌적한 사회생활의 유지를 목적으로 협력 관계를 중시하는 집단에서는 평균 원리가 지배적이라고 한다. 또 복지나 가족과 같은 생활 향상을 지향하는 집단에서는 필요 원리가 강해진다.

더욱이 구성원의 교체가 심하고 유동성이 높은 집단에서는 높은 실적을 올린 사람이 형평 원리를 원하고, 별로 실적을 올리지 않은 사람은 평등 원리를 바란다고 한다. 한편 구성원이 별로 교체되지 않고 인간관계가 오래 지속되는 집단에서는 실적이 좋은 사람도 평등 원리를 바라는 경향이 강해진다. 그 이유는 공평함이 유지되는 한 원만한 인간관계를 중시하는 것이 나타난 결과라고 할 수 있다.

분배 원리의 종류

1. 형평 원리

공헌도 **대** **중** **소**

> 공헌도에 따라 분배한다

2. 평등 원리

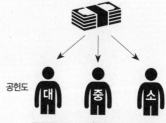

공헌도 **대** **중** **소**

> 전원에게 균등하게 분배한다

3. 필요 원리

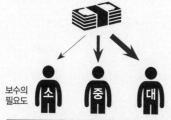

보수의 필요도 **소** **중** **대**

> 보수를 필요로 하는 정도에 따라 분배한다

4. 독점 원리

> 가장 높은 실적을 낸 사람이 독점한다

● 분배 원리의 용도

경제적 생산을
목적으로 한 집단

→ 형평 원리

협력 관계를
중시하는 집단

→ 평등 원리

복지 목적이나
가족과 같은 집단

→ 필요 원리

보수의 분배에는 몇 가지 종류가 있다. 각 원리에는 장단점이 있어서 상황에 따라 용도를 나눌 필요가 있다. 공헌도에 따라 분배하는 것이 반드시 공평하다고는 할 수 없다. 사람의 교체가 심한 곳에서는 형평 원리가 바람직하고, 인간관계가 오래 지속될 것 같은 곳에서는 평등 원리가 바람직한 경향이 있다.

54 집단에 의한 제노사이드란?

외부 집단에 대한 인식이 차별과 편견을 낳는다

제노사이드(genocide)는 다른 민족이나 다른 종교를 가진 사람을 철저히 탄압하고 결국에는 집단 살육을 행하는 행위를 말한다. 평범하게 생활하면 별로 의식할 일이 없는 현상이지만 지금까지 인류가 걸어온 역사 속에서는 수많은 제노사이드가 일어났다. 나치가 행한 유대인 학살 등이 제노사이드가 잘 드러난 예이다. 그렇다면 왜 이런 일이 일어나는 것일까?

사람은 자신이 속한 집단(내부 집단) 이외의 사람들의 모음(외부 집단)을 차별하거나 박해하는 상황에 빠지는 경우가 있다. 왜냐하면 내부 집단의 사람들과 외부 집단의 사람들은 접하는 거리나 시간이 달라 인식에 차이가 나오기 때문이다. 자신과 친하게 지내는 사람에 대해서는 그 사람의 외모나 성격을 숙지하고 있기 때문에 '개인'으로 구분한다. 하지만 별로 접한 적이 없는 외부 집단의 사람들에 대해서는 '집단의 일원'이라는 인식 밖에 갖고 있지 않는다.

그런 인식 속에서 사람은 내부 집단이 더 뛰어나다고 생각하고 싶어 하는 경향이 나온다. 사회가 자원이 고갈되는 등과 같은 위기 상황에 빠지면 그저 한 집단으로서 봐오던 외부 집단의 사람들을 '나쁜 사람' 또는 '도움이 안 되는 사람'과 같은 차별적인 눈으로 보게 되어 살육이라는 비극으로 이어지는 것이다. 인류 역사에서 집단을 구별하는 것이 의미를 가진다는 증거로 전 세계에서 수많은 언어가 사용되는 점을 들 수 있다. 특정 언어를 말하는 것은 그 집단의 구성원이라는 무엇보다 강한 증표였다. 우리 인류의 선조는 하나라고 말하지만 사회가 복잡해지면서 자연히 집단의 구별이 필요해졌다고 할 수 있다.

내부 집단과 외부 집단의 인식의 차이

1. 내부 집단을 본 경우

2. 외부 집단을 본 경우

A 씨와 B 씨와 C 씨구나.

A

B

C

구별이 안 가네…

A

B

C

내부 집단과 외부 집단의 관계는 수렵채집 시대까지 거슬러 올라간다. 내부 집단의 구성원들과는 밀접한 관계를 갖고 한 사람 한 사람을 식별할 수가 있었다. 하지만 거의 접촉을 하지 않는 외부 집단의 경우는 개개인을 알 기회가 적고 어떤 집단의 일원이라고 한꺼번에 모아서 인식할 수밖에 없었다. 집단 간 갈등이 있는 경우에는 그런 상황이 차별이나 편견, 결국에는 제노사이드까지로 이어지는 것이다.

제노사이드(집단 살육)의 요인

사람을 둘러싼 다양한 차별로부터   외부 집단에 대한 편견이 심해져

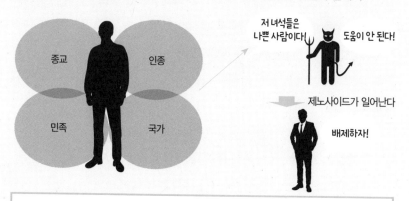

종교

인종

민족

국가

저 녀석들은 나쁜 사람이다!

도움이 안 된다!

제노사이드가 일어난다

배제하자!

제노사이드의 경우 어떤 집단에 속해 있다는 이유만으로 많은 사람이 살해되어 간다. 그 배경에는 인종이나 종교 등 외부 집단에 대한 편견이나 차별 심리가 잠재해 있다.

집단에 의한 제노사이드란?

55 문화에 따른 차이란?

키워드

문화적 자아관

서양과 동양은 자아관에 차이가 있다

미국을 비롯한 서양 사람과 한국, 일본을 포함한 동아시아 사람은 문화에 차이가 있다는 것을 알고 있다. 그 중에서도 두드러진 것이 '문화적 자아관'이다.

서양에 널리 공유되고 있는 것은 '상호독립적 자아관'이라고 한다. 이것은 '자신은 다른 사람으로부터 독립된 존재'라는 생각이 베이스가 되어 있어, 예를 들어 뭔가 성과를 올린 경우 그것은 주위의 영향이 아니라 어디까지나 자신 안에 있는 재능 덕분이라고 생각하는 것이다. 자신을 카테고리화할 때도 '밝고 쾌활한 나', '공부 잘하는 자신' 등과 같이 자신의 내적 속성을 사용한다.

한편 동아시아에서 공유되는 '상호협조적 자아관'의 경우 '사람은 다른 사람이나 주변 사물과의 관계성이 있어야 비로소 존재한다'고 생각해서 뭔가 성과를 올렸을 때도 '주위의 협력과 격려가 있어서 해 낼 수 있었다'와 같은 사고를 가지고, 카테고리화로는 '○○ 대학의 나', '친구 앞에서는 명랑한 자신'과 같이 관련된 인간관계 자체나 다른 사람과의 관계성을 나타내는 경우가 많다.

각각의 특징은 개인의 의사결정이 중시되는 목축문화와 서로의 협력을 필요로 하는 농경문화, 기독교와 불교, 유교의 사고방식 차이 등에서 생겨났다고 할 수 있다.

또 다른 특징으로는 분석적 사고와 포괄적 사고의 차이를 들 수 있다. 서양인의 사고가 사물 자체의 특징에 주목하는 분석적 사고인 데 반해, 동아시아인의 사고는 사물과 그 주변의 관련을 주목하는 포괄적 사고라고 한다.

상호독립적 자아관과 상호협력적 자아관

● 상호독립적 자아관

사회　가족

교육　동료

● 상호협력적 자아관

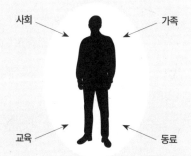

사회　가족

교육　동료

서양 사람들에게 많이 보인다. 사람은 다른 사람이나 주위 사물과는 구별되는 독립적인 것이라는 사고

한국을 포함한 동양인에게 많이 보인다. 사람은 다른 사람이나 주변 사물과 관계성이 있어야 비로소 존재한다는 사고

분석적 사고와 포괄적 사고에 관한 실험

실험 개요　미국인과 대만·중국인 학생에게 '판다', '원숭이', '바나나', 이 셋 중 어떤 두 개가 가까운지를 물어봤다.

| **결과** | 미국인 학생 | '판다'와 '원숭이'라고 대답 | ···▶ 분석적 사고 |
| | 대만·중국인 학생 | '원숭이'와 '바나나'라고 대답 | ···▶ 포괄적 사고 |

실험에서는 3개 중 어떤 점에 주목했는지가 포인트가 된다. 미국 학생은 '둘 다 동물'이라는 카테고리에 주목하여 분류했기 때문에 분석적 사고라고 할 수 있다. 한편 대만·중국 학생은 '원숭이가 바나나를 먹는다'는 관계성으로 분류했다. 이쪽은 포괄적 사고가 된다.

56 '명예'를 철저히 고수하는 문화

키워드

명예 문화

명예 문화의 본질과 배경

'명예 문화'란 '개인과 가족의 명예를 중시하는 문화'를 의미한다. 특히 미국 남부의 백인 남성에게 많이 보인다. 이것은 어떤 배경 때문일까?

원래 미국 북부에는 영국과 네덜란드의 농경민이 많이 이주했던 반면 남부에는 주로 영국 주변부에서 온 목축민이 많이 이주했다.

농경민 커뮤니티의 경우 농민 끼리를 통제하기 쉽고 농작물 등을 대량으로 훔쳐내는 일이 어려운 경향이 있다. 한편 목축민의 경우 가축은 스스로 걸을 수도 있고 훔치기도 쉬우며 방목에는 넓은 토지를 필요로 한다는 점에서 인구 밀도가 낮기 때문에 범인을 잡는 일도 쉽지가 않았다.

이런 상황에서 주위에 '저 녀석은 포기하고 울기만 할 뿐이다'라는 평판이 돌면 나쁜 사람의 먹잇감이 될 뿐이다. '터프하다' 또는 '남자답다'와 같은 평판은 다른 사람이 쉽게 다가가는 것을 막는 중요한 적응적 의미를 갖는다. 즉 명예를 중시하는 문화는 이런 목축민의 생활에서 생겨난 것이다.

이 명예 문화를 나타내는 조사 결과가 있다. 미국 남부와 그 이외 지역에서 살인 사건의 건수이다.

일반적인 강도 살인 등의 건수는 두 지역에서 큰 차이가 없었다. 하지만 '남자로서의 평판'이 걸린 말싸움 살인의 경우 남부가 많았고 그 차이는 인구 20만 명 이하인 소도시에서 특히 두드러졌다. 이 점으로부터도 목축민이 많았던 지역에서 '명예 문화'가 강하게 뿌리 내렸다는 것을 알 수 있다.

명예 문화가 태어난 배경

● 농경민

- 작물을 도둑맞아도 다시 만들 수 있다.
- 법을 지키는 등 집단 통제가 쉽다.
- 집단으로 생활하고 인구 밀도도 높다.

--- 문화의 차이가 생긴다 ----

● 목축민

- 가축을 도둑맞는 경우 손실이 크다.
- '자신의 재산은 자신이 지킨다'와 같은 어필이 필요하다.
- 넓은 토지가 필요하기 때문에 인구 밀도가 낮다.

127

명예 문화로 발전

미국에서 강도 살인과 언쟁 살인의 발생 건수

● 인구 10만 명 당 살인 발생 건수와 종류

1. 거주자 약 20만 명 이하의 도시

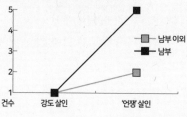

2. 거주자 약 20만 명 이상의 도시

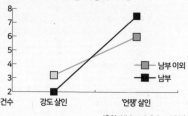

(출처: Nisbett & Cohen,1996)

미국에서 살인 발생 건수를 비교한 결과 경제적인 이유가 계기가 되는 강도 살인은 남부와 그 이외 지역에서 큰 차이가 없었다. 그러나 '명예'를 훼손당한 것과 같은 언쟁 살인은 남부가 많았고, 특히 20만 명 이하의 소도시에서 강하게 나타났다. 이것은 명예 문화가 생겨난 배경을 뒷받침하는 결과라 할 수 있다.

'명예'를 중시하는 고수하는 문화

잠 못들 정도로 재미있는 이야기

사회심리학

2021. 6. 25. 초 판 1쇄 발행
2024. 12. 11. 초 판 3쇄 발행

감 수 | 가메다 다쓰야(亀田達也)
감 역 | 박남범
옮긴이 | 이영란
펴낸이 | 이종춘
펴낸곳 | BM (주)도서출판 성안당
주소 | 04032 서울시 마포구 양화로 127 첨단빌딩 3층(출판기획 R&D 센터)
      10881 경기도 파주시 문발로 112 파주 출판 문화도시(제작 및 물류)
전화 | 02) 3142-0036
      031) 950-6300
팩스 | 031) 955-0510
등록 | 1973. 2. 1. 제406-2005-000046호
출판사 홈페이지 | www.cyber.co.kr
ISBN | 978-89-315-8961-0 (04080)
       978-89-315-8889-7 (세트)
정가 | 9,800원

이 책을 만든 사람들
책임 | 최옥현
진행 | 최동진
본문·표지 디자인 | 이대범
홍보 | 김계향, 임진성, 김주승, 최정민
국제부 | 이선민, 조혜란
마케팅 | 구본철, 차정욱, 오영일, 나진호, 강호묵
마케팅 지원 | 장상범
제작 | 김유석

"NEMURENAKUNARUHODO OMOSHIROI ZUKAI SHAKAI SHINRIGAKU"
supervised by Tatsuya Kameda
Copyright © NIHONBUNGEISHA 2019
All rights reserved.
First published in Japan by NIHONBUNGEISHA Co., Ltd., Tokyo

This Korean edition is published by arrangement with NIHONBUNGEISHA Co., Ltd., Tokyo in care of Tuttle-Mori Agency, Inc., Tokyo through Duran Kim Agency, Seoul.

Korean translation copyright © 2021~2024 by Sung An Dang, Inc.

이 책의 한국어판 출판권은 듀란킴 에이전시를 통해 저작권자와 독점 계약한 BM (주)도서출판 성안당에 있습니다. 저작권법에 의하여 한국 내에서 보호를 받는 저작물이므로 무단전재와 무단복제를 금합니다.